soufãdoENZO.com
Uma década de (con)vivência com a Síndrome de Williams

Editora Appris Ltda.
1.ª Edição - Copyright© 2021 dos autores
Direitos de Edição Reservados à Editora Appris Ltda.

Nenhuma parte desta obra poderá ser utilizada indevidamente, sem estar de acordo com a Lei nº 9.610/98. Se incorreções forem encontradas, serão de exclusiva responsabilidade de seus organizadores. Foi realizado o Depósito Legal na Fundação Biblioteca Nacional, de acordo com as Leis nos 10.994, de 14/12/2004, e 12.192, de 14/01/2010.

Catalogação na Fonte
Elaborado por: Josefina A. S. Guedes
Bibliotecária CRB 9/870

M639s
2021
	Milcarek, Luciana.
	    soufãdoENZO.com: uma década de (con)vivência com a Síndrome de Williams / Luciana Milcarek. - 1. ed. - Curitiba: Appris, 2021.
	    121 p. ; 21 cm.
	
	    Inclui bibliografia.
	    ISBN 978-65-250-0019-0
	
	    1. Williams, Síndrome de. 2. Distúrbios do desenvolvimento. I. Título. II. Série.
	
	    CDD – 616.042

Livro de acordo com a normalização técnica da ABNT

Editora e Livraria Appris Ltda.
Av. Manoel Ribas, 2265 – Mercês
Curitiba/PR – CEP: 80810-002
Tel. (41) 3156 - 4731
www.editoraappris.com.br

Printed in Brazil
Impresso no Brasil

Luciana Milcarek

soufãdoENZO.com
Uma década de (con)vivência com a Síndrome de Williams

FICHA TÉCNICA

EDITORIAL
Augusto V. de A. Coelho
Marli Caetano
Sara C. de Andrade Coelho

COMITÊ EDITORIAL
Andréa Barbosa Gouveia (UFPR)
Jacques de Lima Ferreira (UP)
Marilda Aparecida Behrens (PUCPR)
Ana El Achkar (UNIVERSO/RJ)
Conrado Moreira Mendes (PUC-MG)
Eliete Correia dos Santos (UEPB)
Fabiano Santos (UERJ/IESP)
Francinete Fernandes de Sousa (UEPB)
Francisco Carlos Duarte (PUCPR)
Francisco de Assis (Fiam-Faam, SP, Brasil)
Juliana Reichert Assunção Tonelli (UEL)
Maria Aparecida Barbosa (USP)
Maria Helena Zamora (PUC-Rio)
Maria Margarida de Andrade (Umack)
Roque Ismael da Costa Güllich (UFFS)
Toni Reis (UFPR)
Valdomiro de Oliveira (UFPR)
Valério Brusamolin (IFPR)

ASSESSORIA EDITORIAL
Evelin Louise Kolb

REVISÃO
Andrea Bassoto Gatto

PRODUÇÃO EDITORIAL
Gabrielli Masi

DIAGRAMAÇÃO
Daniela Baumguertner

CAPA
Eneo Lage

FOTOGRAFÍAS DA CAPA
Luciana T. Campos Bernardi

COMUNICAÇÃO
Carlos Eduardo Pereira
Débora Nazário
Kananda Ferreira
Karla Pipolo Olegário

LIVRARIAS E EVENTOS
Estevão Misael

GERÊNCIA DE FINANÇAS
Selma Maria Fernandes do Valle

COORDENADORA COMERCIAL
Silvana Vicente

É necessário que o mundo depois de ti seja algo melhor
porque tu viveste nele.
(Stanley)

E ele será, Enzo. Ah, se será...

... Este livro e a minha vida são dedicados a você...

AGRADECIMENTOS

A Deus,
por me conceder a serenidade para aceitar o que não posso mudar,
coragem para mudar o que posso mudar
e sabedoria para perceber a diferença.

Aos meus pais, Henryk e Lidia Milcarek,
por serem nosso porto seguro e
os avós mais amorosos que Enzo poderia ter.
Sem vocês, provavelmente,
faltar-me-iam forças para ter continuado em frente.

A todos os amigos,
que são a família que nossos corações adotaram
e fizeram toda a diferença nesta trajetória.
Sem vocês, provavelmente,
faltar-me-ia inspiração para expressar meus sentimentos.

Às famílias da Associação Paranaense da Síndrome de Williams (APRSW),
pelas trocas de experiências, pela confiança e pela honra
de me permitir representá-las como presidente.
Sem vocês, provavelmente,
faltar-me-ia inspiração para expressar meus pensamentos.

Aos profissionais da área médica, multidisciplinar, educacional,
enfim, a todos os envolvidos que contribuíram e/ou ainda contribuem
para o bem-estar e a qualidade de vida do Enzo.

Ó Senhor, nosso Deus,
Tu tens feito grandes coisas por nós.
Não há ninguém igual a ti.
Tu tens feito muitos planos maravilhosos
para o nosso bem.
Ainda que eu quisesse,
não poderia falar de todos eles,
pois são tantos,
que não podem ser contados.
Ó Senhor Deus,
eu sei que nunca deixarás
de ser bom para mim.
O teu amor e a tua fidelidade
Sempre me guardará seguro.

(Salmo 40.5-11)

APRESENTAÇÃO

Nunca imaginei que iria iniciar um livro, contextualizando desta forma, a situação em que ele foi gerado (da data do convite da editora, a organização do material e a publicação completarão uns noves meses). O mundo vive uma situação inédita na história da humanidade, os hábitos e valores estão sendo colocados em xeque e está sendo necessário se adaptar ao que está sendo chamado de "novo" normal.

Estamos em 2020: o ano em que fomos obrigados a parar! Em 31 de dezembro de 2019, a Organização Mundial de Saúde[1] (OMS) recebeu a notificação de casos de pneumonia na cidade de Wuhan, na China, com suspeita de serem provocados por uma nova cepa de coronavírus. Em 30 de janeiro de 2020, declarou que o surto da doença causada pelo já denominado COVID-19 constituía uma Emergência de Saúde Pública de Importância Internacional – o mais alto nível de alerta da Organização. Em 11 de março de 2020, a COVID-19 foi caracterizada pela OMS como uma pandemia (enfermidade epidêmica amplamente disseminada). Foram confirmados no mundo 93.611.355 casos de COVID-19 e 2.022.045 mortes até 18 de janeiro de 2021. Em dezembro de 2020, algumas vacinas candidatas contra a COVID-19 receberam autorização para uso emergencial em alguns países. O mundo espera recebê-las em breve, como uma das medidas mais custo-efetivas para controlar a pandemia de COVID-19 e diminuir os impactos na saúde, economia e sociedade.

A COVID-19 trouxe impacto nas vidas dos indivíduos em nível global, chamando a atenção pelo alcance que teve e pela velocidade com a qual se disseminou, provocando uma desordem eco-

---

[1] Organização Mundial da Saúde (OMS), Organização Pan-Americana da Saúde (OPAS). Folha informativa: COVID-19 (causada pelo novo coronavírus). Atualizada em 18 de janeiro de 2021. Disponível em: https://www.paho.org/pt/covid19.

nômico-social e o caos social. Sem vacina, a principal medida é a do distanciamento social, ou seja, um conjunto de ações que buscam limitar o convívio social de modo a parar ou controlar a propagação de doenças contagiosas, sendo essencial para evitar que se aumente o número de casos de pessoas doentes, reduzindo-se a necessidade de internações e evitando, assim, uma sobrecarga no sistema de saúde. Dentre as medidas, pode-se citar a necessidade de evitar aglomerações. Assim, foram determinados: a paralisação de atividades não essenciais, como fechamento do comércio, com a exceção de serviços essenciais, como supermercados e farmácias; o cancelamento ou adiamento de eventos; a paralisação das atividades escolares presenciais; e a adoção, em muitas organizações, do sistema de trabalho remoto (*home office*).

Nesse contexto, encontro-me há mais de 150 dias em isolamento social, em trabalho remoto e com o Enzo (cursando o 9º ano do fundamental II, em escola regular), tendo aulas pelo programa estadual Aula Paraná [2] (leia-se: eu também estou atuando de tutora ou professora de apoio, como preferirem). Somente eu saio, uma vez por semana, para fazer extremamente o essencial, como as compras de mercado e farmácia. Uma loucura! Rotinas alteradas, notícias impactantes a todo o momento (pessoas sofrendo pela perda de empregos, pelas mortes, entre outros), participação em reuniões via videoconferência, *lives*, cuidados básicos de higienização intensificados, tais como o de lavar as mãos frequentemente com água e sabão e usando (muito) álcool em gel e hipoclorito para desinfecção de tudo, fora a necessidade de "higiene mental", pois, neste momento, afastar-se das pessoas é considerado um ato de amor. Nada de visitas, cafés com os amigos, almoço em família, comemoração de aniversários, cultos e... de abraços (só virtuais). Por outro lado, a gratidão por poder refletir e perceber que escolhas pessoais e profissionais que fiz na vida foram muito acertadas e tornam este momento menos doloroso.

---

[2] O Paraná desenvolveu e implementou três canais de TV aberta, um aplicativo que oferece internet gratuita aos alunos e professores, salas de aula virtuais (*Google Classroom*), um canal do Youtube e atividades impressas para aqueles alunos que não possuem nem TV, nem acesso à internet.

Lidando com todas essas emoções, soma-se o desafio gigante de concluir a escrita deste relato da (con)vivência com a Síndrome de Williams (SW).[3] A escolha do título deve-se ao fato de que ser fã número 1 para mim é uma grande responsabilidade, pois ser fã é amar, respeitar, ter carinho e apreciar. Criei a expressão soufã-doENZO.com em 2008, como título de um blog, após a confirmação do diagnóstico da síndrome, mas (nessa época) eu também precisava de mais recursos para arcar com os custos de medicação e consultas e comecei a confeccionar camisetas em pintura artesanal, com desenhos infantis e a frase (soufã) personalizada com o nome da criança (afinal, qual mãe não é fã da sua cria?). Foi um sucesso! As famílias inteiras encomendavam e eu confeccionava as encomendas à noite ou aos finais de semana, pois trabalhava de manhã e à tarde em escola.

O foco principal está no relato da **(con)vivência**, propositalmente assim registrada, pois quem convive é aquele que vive com alguém, que passa um período de convivência, e a **vivência** é o conhecimento adquirido pela experiência vivida, não é lida, é experimentada, e são nesses dois sentidos que a obra foi concebida. Boa leitura!

Luciana Milcarek

@luhmil

---

[3] A Síndrome de Williams (SW) se caracteriza como uma falha ou uma desordem no cromossomo 7. Durante a divisão celular que gera tanto espermatozoides quanto óvulos ocorre um problema na distribuição de genes nesse cromossomo. Importante notar que crianças de ambos os sexos são afetadas, diferente de outras síndromes catalogadas. É válido salientar que ela pode levar a problemas de desenvolvimento. A síndrome ocorre pela ausência de 21 genes do cromossomo 7. Ele, por sua vez, é responsável pela formação de elastina, a proteína que forma as fibras elásticas. Fonte: https://institutoneurosaber.com.br/o-que-e-sindrome-de-williams. Data de acesso: 8 de jul. de 2020.

PREFÁCIO

O livro *soufādoENZO.com: uma década de (con)vivência com a Síndrome de Williams* pode ser classificado como uma obra científica, humana, emocionante e o exemplo da luta de uma "mãe" com um filho "especial", "muito especial para todos nós". E Luciana, mãe, como ela mesma citou em algum momento, lutou sozinha, como uma "leoa", desde o início. Uma trajetória árdua, muito sofrida, mas também, com muita alegria. Vemos, com detalhes, a busca do diagnóstico numa época em que a síndrome era pouco conhecida, pouco publicada na literatura médica, ainda mais na leiga.

Desde o nascimento, ela já descreveu as primeiras preocupações com um recém-nascido pequeno para a idade gestacional, que, embora tenha chorado ao nascer, apresentava dificuldades para sugar, chorava muito e não dormia, com muita irritabilidade e cólicas. Novos sintomas foram surgindo no primeiro ano, pouco valorizados pelos médicos: atraso no desenvolvimento psicomotor e um contato anormal com o ambiente. Na evolução, ficaram evidentes o atraso na linguagem, a ecolalia, os comportamentos obsessivos, hipersensibilidade aos sons e comportamentos auto e heteroagressivos. E, então, após avaliação de outros sintomas como hipersocialidade, refluxo gastresofágico e o achado da malformação cardíaca com ajuda do teste genético, só aos 2 anos de idade chegou-se ao diagnóstico de Síndrome de Williams.

E aí o mundo desabou. Apesar da Luciana sempre ver algo diferente no Enzo, o diagnóstico definitivo confirmou uma realidade e houve um sentimento de luto, de perda, uma tristeza imensa, uma insegurança para o futuro e a perda do sonho do filho "ideal". Entretanto, ela não se entregou. Após o impacto inicial, traçou um plano para o futuro do Enzo – como enfrentar o plano educacional, planos de inclusão escolar, como estudar a Síndrome de forma científica para ajudá-lo em todas as áreas e, muito importante, conhecer pais e outras crianças com a mesma síndrome.

A seguir, encontramos uma revisão profunda e crítica da Síndrome, relatando os sintomas em detalhes desde a gestação até a vida adulta, comparando os sintomas da literatura médica com os encontrados no Enzo. Interessante é a apresentação de todos os sintomas ao nascimento, nos primeiros anos de vida e por toda sua vida. Detalhadamente, são evidenciadas a experiência com o Transtorno de Déficit de Atenção e o Transtorno do Espectro Autista. Ressalto os cuidados dedicados aos exames complementares, necessários para acompanhamento dos pacientes por toda sua vida. Muito relevante a conclusão da importância de identificar a síndrome logo na primeira infância, haja vista que a estimulação precoce implica na melhora cognitiva, motora e comportamental.

Um capítulo à parte, essencial e muito importante, foi a vida escolar do Enzo. Muitos desafios foram enfrentados. Ressalto que Luciana é mãe e educadora e, desde o início, estudou o planejamento escolar do Enzo junto à escola, embora nem sempre tenha sido ouvida. A escola deve criar programas, currículos adequados à limitação do aluno e espaços inclusivos respeitando o potencial de cada um. Dentro desse enfoque, com a ajuda dos professores e terapeutas especializados, Enzo foi aprendendo as vogais, consoantes e sílabas; noção de quantidade e cálculos simples foram adquiridos respeitando seu ritmo de aprendizagem.

A experiência inicial na educação infantil foi favorável pela atenção das professoras. O início no ensino fundamental foi trágico, parecendo que, ao invés de inclusão, ocorreu uma exclusão. A professora era uma estagiária. Enzo apresentava surtos de autoagressão, chegou a ser convidado para se retirar da escola. Felizmente, mudaram de cidade e ocorreu uma melhor adaptação escolar com o apoio de equipe multidisciplinar. Frequentou escolas públicas e particulares, onde se adaptou dentro de uma atenção inclusiva.

Finalizando a análise, um capítulo especial mostra as necessidades do Enzo em sala de aula e as orientações necessárias. Como ele apresenta discalculia e disgrafia – transtornos específicos de aprendizagem –, o currículo é adaptado ao seu potencial de aprendizagem. Por exemplo, uso de avaliações orais e material concreto para o ensino da Matemática. Os textos e as situações-problema são mais simples, permitindo a compreensão. Esse auxílio pode ser separado, sem segregação, em alguns momentos. Junto com esse programa educacional, salienta-se a integração social do aluno.

Ainda nesse capítulo, é apresentado um programa extenso de orientação escolar para crianças com limitações similares às do Enzo e comentado todo o histórico das leis de inclusão da Legislação Brasileira, ressaltando a lei que permite redução de carga horária para servidores públicos no Brasil.

O último capítulo do livro emociona com o relato de todos que, de forma direta ou indireta, participaram da história de vida do Enzo e da Luciana. Cada um, dentro da sua formação – amigos, profissionais, religiosos, parentes – fez parte da "maior" e "melhor" equipe multidisciplinar já vista por mim em todo o meu tempo como neuropediatra.

Parabéns para todos, principalmente para você, Luciana, e para o Enzo. De um grande fã: seu amigo Sérgio.

Sérgio Antonio Antoniuk

Médico neuropediatra

Professor associado do Departamento de Pediatria da Universidade Federal do Paraná

SUMÁRIO

1

OLHAR DE MÃE... 21

1.1 O PRIMEIRO ANO DE VIDA: UM COMEÇO COM FORTES E INTENSAS EMOÇÕES 27

1.1.1 O pior dia de todos 32

1.1.2 As peças do quebra-cabeças, enfim, encaixam-se 35

1.1.3 Do luto à luta 38

1.2 CARACTERÍSTICAS DA SÍNDROME DE WILLIAMS (SW) 40

1.2.1 Orientações sobre acompanhamentos médicos 45

1.2.2 Minha experiência com o TDHA 49

1.2.3 Minha experiência com o TEA 54

2

OLHAR DE EDUCADORA... 57

2.1 TENTEI MORAR DE FRENTE PARA O MAR 63

2.2 DA PRAIA PARA O CAMPO: MAIS UM RECOMEÇO 67

2.3 ATIVIDADE DO ENZO E ORIENTAÇÕES ESCOLARES 69

3

OLHARES PARA ENZO... 77

CONSIDERAÇÕES FINAIS 111

ANEXO 113

REFERÊNCIAS 117

1

OLHAR DE MÃE...

*Fizeste-me ver a claridade do mundo e a
possibilidade da alegria.*

*Tornaste-me indestrutível, porque, graças a ti,
não termino em mim mesmo.*

(Pablo Neruda)

Eu, que gosto de uma boa conversa e de detalhes, com esta publicação posso confirmar agora que nossa vida é um livro aberto (rs). Nunca foi problema para mim falar das minhas experiências, principalmente a de ser mãe do Enzo, pelo contrário, é algo que cada vez mais me faz sentir orgulho. Infelizmente, conheci famílias que preferem se isolar, não buscar apoio, colocar a criança numa redoma (talvez até com boa intenção, com a ilusão de proteger), mas tenho para mim que isso é mais prejudicial do que útil.

Quando olho para trás e percebo cada passo que demos nesta longa caminhada, cada dificuldade superada, cada conquista... Eu agradeço a Deus. Claro que junto vem o cansaço, afinal, foram árduas noites sem dormir, foram muitas lágrimas, muitos gastos, muitas preocupações, muitas perguntas sem respostas, muitos cuidados, muitos médicos, muitas faltas ao trabalho e tantas outras situações, mas é um cansaço com sabor de vitória desta etapa vencida, a da primeira infância.

Como não ser fã desse ser tão iluminado e que me faz aprender a amar e me sentir amada, mais e mais, a cada dia? Que me faz reunir forças e lutar em favor do respeito, de uma educação e de uma vida digna e verdadeiramente inclusiva? Que me ensina diariamente a ser mãe e a ser uma pessoa melhor?

Em 2008, eu lancei o blog soufãdoENZO.com, com a intenção de compartilhar as experiências pelas quais estava passando. O diagnóstico da Síndrome de Williams ocorreu quando Enzo estava com 2 anos. Isso respondeu a algumas das minhas perguntas, mas gerou muitas outras dúvidas e eu não tinha onde encontrar as respostas. Eu confesso também que, de tantas consultas, com tantos médicos que não sabiam do que eu estava falando e por eu ter que repetir tudo, ocorreram situações em que eu já chegava falando do endereço do blog e, enquanto conversávamos, os médicos já iam verificando as informações nele. Até então eu também buscava contato com outras famílias. Pela leitura do blog, famílias e médicos entraram em contato comigo, pois ao lerem sobre as características descritas, percebiam as similaridades. Houve situações em que após os encaminhamentos, alguns diagnósticos se confirmaram. Assim como também acolhi várias famílias que não sabiam por onde começar. Conclusão: eu acolhia enquanto buscava acolhimento.

Registrar em um livro o relato de con(vivência) desse período não é com a intenção de fazer dele um guia ou manual, uma vez que cada ser é único no meio no qual se está inserido e que influenciará em seu desenvolvimento. Uma das lições que tive que aceitar e aprender é que na busca por respostas você pode ir às especialidades médicas, você pode ler artigos e livros, você pode conversar com outras famílias, mas a descoberta das respostas, muitas vezes, é individual, por instinto materno, por "tentativa e erro".

É claro que com a experiência adquirida na interação com familiares de outras crianças SW pude verificar muitas semelhanças entre eles: são crianças que falam muito, que tem muita facilidade em interagir com as pessoas, sendo muito conhecidas no meio em que vivem, que gostam de abraçar, segurar a mão das pessoas enquanto falam com elas e que sorriem com frequência.

Por ser rara, o diagnóstico da SW, muitas vezes, quando ocorre, é tardio, geralmente quando ingressam na escola e/ou no período de alfabetização. Muitos médicos não estão preparados e não a reconhecem imediatamente (eu mesma levei o Enzo a sete pediatras nos primeiros dois meses de vida), não há tanta divulgação na mídia como de algumas síndromes ou transtornos, até porque essas, muitas vezes, têm mais estudos, pesquisas, associações, divulgação e campanhas. Sabem quantas vezes eu escutei: "Ele tem Síndrome de Down?". Inúmeras vezes, porque se falou "síndrome". As pessoas lembram-se daquela que já ouviram falar e o risco, nesse sentindo, é acharem que são iguais, quando não são. Eu cheguei a deixar de matriculá-lo em uma escola, pois a diretora insistia em citar outra síndrome, o que demonstrou na hora que ela não teria sensibilidade, nem qualificação, para a inclusão dele. Até com boa vontade e educação tentei corrigi-la, mas a gota d'água foi justamente ela me dizer: "São todas iguais".

Aproveito para citar que "Doenças, Síndromes e Transtornos"[4] são termos que podem ser confundidos ou usados como sinônimos, mas que se referem a diferentes estados ou a comprometimentos da saúde, sendo necessário esclarecer a diferença entre cada um deles. Pode-se caracterizar uma doença como a alteração em determinado órgão, na psique ou até mesmo do organismo como um todo, que leva a sintomas específicos e apresenta causas conhecidas, como a dengue. As síndromes são definidas como um conjunto de sinais e sintomas que acontecem ao mesmo tempo no paciente e podem ter causas diversas, como a de Williams, enquanto os transtornos ocorrem no âmbito da saúde mental e levam ao comprometimento das ações do dia a dia do paciente e de sua personalidade, causando-lhe sofrimento ou incapacitação, como o Transtorno do Espectro Autista (TEA). Às vezes, podem ocorrer o que chamam de comorbidades, como no caso do Enzo, que tem a SW como principal, mas também o diagnóstico de TEA.

Portanto, a síndrome não é uma doença, mas uma condição médica. A síndrome não tem cura, tem acompanhamento por toda vida. Achei importante citar isso, pois a maioria da população é leiga nesse sentido e porque tive uma experiência com o Enzo de ter que conversar com ele sobre a sua condição (eis um outro grande desafio para os pais/responsáveis, principalmente quando chega a adolescência). Na escola, desde a tenra idade, ficou nítida a sua capacidade de persuasão. Que talento nato para utilizar de recursos emocionais ou simbólicos pra induzir alguém a aceitar uma ideia, uma atitude dele ou realizar uma ação para ele! Só que essa experiência em específico foi negativa e poderia prejudicá-lo, pois ele, ciente de ter uma síndrome, começou a dizer que era "doente". Então, se não queria fazer uma atividade na escola, por exemplo, era porque era "doente",

---

[4] SANTOS, Vanessa Sardinha dos. Diferença entre doenças, síndromes e transtornos. *Brasil Escola*. Disponível em: https://brasilescola.uol.com.br/doencas/diferenca-entre-doencas-sindromes-trans-tornos.htm. Data de acesso: 21 de ago. de 2020.

e os profissionais acabavam cedendo ao seu jeito carismático de ser ou até por medo de piorarem a "doença".

Não existem muitos estudos e pesquisas sobre a Síndrome de Williams. Até houve uma maior concentração de pesquisas a partir do ano 2000, com relevantes publicações entre 2010 e 2014, o que nos leva a deduzir que o segmento de estudos é relativamente novo, embora existam publicações a partir de 1982.[5]

Os avanços no desenvolvimento do Enzo certamente foram muitos e não me arrependo de ter ignorado alguns prognósticos, pois não há como traçar o provável desenvolvimento futuro seguindo só a lógica. Hoje, o Enzo é prova disso. Eu fico imensamente feliz quando acesso um site de busca e encontro mais conteúdo sobre a "Síndrome de Williams" em relação ao que eu encontrei no ano de 2006, na época umas dez páginas. Atualmente, no Google, aparecem 9.290.000 resultados. Eu fico ainda mais feliz quando encontro histórias parecidas de amor e dedicação. Hoje, vejo meu filho cada dia mais lindo e surpreendente, mas já tive muitas crises de culpa por achar que estava fazendo menos do que deveria ou de nem estar fazendo o que precisava ser feito.

Às vezes, Enzo me leva à loucura, tendo comportamentos com os quais eu não sei lidar, mas, logo em seguida, ele oportuniza momentos que me fazem esquecer o que passou. Ele foi uma criança que dormiu muito pouco (atualmente, dorme um pouco melhor devido à medicação), falava muito (fala ainda, mas confesso, "a fruta não cai longe do pé"), teve períodos em que não queria comer nada e outros de um apetite voraz (a seletividade alimentar ainda é um problema), tem comportamentos obsessivos (nada que o prejudique), possui muitos medos (uns desaparecem, outros surgem), necessita de cuidados especiais (do ponto de vista médico, educacional, entre outros), mas tem mil e outras considerações que o tornam, indescritivelmente, amado e amável. Sou fã dele. A número 1.

---

[5] LIMA JR, Ismael de. *Produção e avaliação de vídeo documental como recurso de orientação para pais e cuidadores de crianças e adolescentes com Síndrome de Williams-Beuren.* 2015. 68f. Tese (Doutorado em Distúrbios do desenvolvimento) – Universidade Presbiteriana Mackenzie, São Paulo, 2015. p. 13.

soufãdoENZO.com

1.1 O PRIMEIRO ANO DE VIDA: UM COMEÇO COM FORTES E INTENSAS EMOÇÕES

Enzo Milcarek Pereira (Enzo Mil) chegou ao mundo em uma linda e ensolarada tarde de sexta-feira, precisamente às 15h08m, do dia 12 de agosto de 2005 (e eu, como arte educadora, fui, posteriormente, descobrir que se trata do Dia das Artes, pura coincidência), no Hospital Milton Muricy, em Curitiba, pesando 2,6 kg e medindo 45 cm; Apgar[6] no 1º minuto = 10 e no 5º minuto = 10).

Sempre sonhei em ser mãe, mas tinha o diagnóstico de impossibilidade de engravidar de forma natural devido a complicações da Síndrome do Ovário Policístico,[7] e confesso que o resultado positivo foi uma enorme surpresa. Eu tinha recém me consultado com minha ginecologista para a realização de exames de rotina e era tão comum a ausência da minha menstruação que ela me passava uma medicação para que isso ocorresse. Lembro-me de que nos despedimos com ela dizendo para que eu agendasse para o ano seguinte a minha consulta anual.

Um mês depois, como se aproximava a época de passar o final de ano na praia, para não ter imprevistos, eu comprei o remédio para que a menstruação viesse, mas na correria do fim de ano não o tomei imediatamente. Foi quando comecei a ter muito cansaço, sono e enjoos. Associei ao estresse do período. No dia 25 de dezembro, resolvi comprar um teste de gravidez de farmácia antes de tomar o indutor. O exame deu positivo, mas eu não acreditei. Era impos-

---

[6] A Escala ou Índice de Apgar consiste na avaliação por um pediatra de cinco sinais objetivos do recém-nascido, atribuindo-se a cada um dos sinais uma pontuação de 0 a 2. O teste, aplicado duas vezes (no primeiro e no quinto minuto após o nascimento), é utilizado para avaliar o ajuste imediato do recém-nascido à vida extrauterina, sendo que os sinais avaliados são: frequência cardíaca, respiração, tônus muscular, irritabilidade reflexa e cor da pele. As notas obtidas nos primeiro e quinto minutos são comumente registradas na Caderneta/Cartão de Saúde da criança e permitem identificar posteriormente as condições de nascimento dessa criança. WIKIPÉDIA. Disponível em: https://pt.wikipedia.org/wiki/Escala_de_Apgar. Data de acesso: 26 de ago. de 2020.

[7] A síndrome do ovário policístico (SOPC) ocorre em 5 a 10% das mulheres. Nos EUA, ela é a causa mais comum de infertilidade. MANUAL MSD:Versão para Profissionais. Disponível em: https://www.msdmanuals.com/pt/profissional/ginecologia-e-obstetr%C3%ADcia/ anormalidades-menstruais/s%C3%ADndrome-do-ov%C3%A1rio-polic%C3%ADstico-sopc. Data de acesso: 21 de ago. de 2020.

sível! Tive que contar para minha funcionária (hoje, grande amiga Dila), para perguntar se ela sabia se os exames davam "errado" para positivo. Ela me falou que já tinha visto só o contrário, mulheres que estavam grávidas e que havia mostrado negativo.

Resolvi, então, ir a um laboratório e fazer o exame de sangue. Ah, a angústia da espera! Não compartilhei com mais ninguém. Era mais um alarme falso, certeza. Já fiquei pensando em algum problema de saúde que os exames não tinham mostrado. Enfim, quando peguei o exame, para ajudar, vem-me aquele tipo que coloca a quantidade do beta hCG, mas não descreve positivo ou negativo. Tive, então, que marcar uma consulta de urgência com a ginecologista, que me recebeu com estranheza, pois eu deveria voltar dali a um ano. Comentei com ela a situação e entreguei o resultado do exame. Ela começou a rir, incrédula e gritou: "Luciana, você está gravidíssima!".

A gravidez foi um momento muito especial em minha vida, apesar do período difícil pelo qual eu estava passando, com crise pessoal, profissional e financeira (que muito influenciou na união de três anos que, naquele período, estava "instável"). Esquecendo desses detalhes, mergulhei de corpo e alma na maternidade, esse momento único na vida de uma mulher. Cuidei de cada detalhe do enxoval (até retomei o bordado em ponto cruz), da decoração do quarto, desenhando cada item para confecção e eu mesma fazendo texturização na parede (uma pena que desfrutamos apenas dois meses desse lindo e aconchegante espaço, pois me separei e deixei o apartamento em que morávamos em seguida), da organização do Chá de Bebê (aprendi até a técnica de *biscuit* para fazer as lembran-cinhas em formato de leãozinho), do *book* de gestante e do álbum do bebê (aprendi a técnica do *scrapbook* para isto).

A gravidez transcorria tranquilamente quando, no final do oitavo mês, descobrimos que eu estava com restrição de crescimento intrauterino, que é quando o feto não atinge o tamanho esperado ou determinado pelo seu potencial genético, ocasionando um parto prematuro. Até aquele momento não havia um motivo específico. A semana que antecedeu foi tensa: o monitoramento dos movimentos do bebê era diário e fui submetida a uma ecografia especial, ocasião em que o médico me disse: "Qual o problema? O bebê só escolheu ser pequeno!".

Ao ver o resultado, a obstetra imediatamente marcou a cesárea. Eu estava com 34 semanas. Fui alertada que se meu bebê nascesse com menos de 2,5 kg seria imediatamente levado à incubadora e que eu não estranhasse se ele não chorasse.

Enzo nasceu com 2,6 kg e chorou sem parar, por quatro horas seguidas! Ao nascer, notei que sua aparência era um pouco "diferente" de outros bebês. Era muito pequenino, todo enrugadinho e parecia um "tomatinho" de tão vermelho. Não conseguia mamar e tinha dificuldade ao sugar. Chorava muito. Nada o acalmava.

No domingo, em plena comemoração do Dia dos Pais, levamos nosso pequeno herdeiro para casa. Começavam dias felizes e outros, nem tanto. Três dias depois, lá estávamos nós, sendo internados novamente: Enzo havia desenvolvido uma icterícia neonatal e precisava realizar o tratamento com banho de luz por cinco longos dias. Eu ficava sozinha com ele e praticamente em pé o tempo todo, ao seu lado, pois ele chorava muito e quase não dormia. Com isso, o inchaço nas minhas pernas foi além do normal. Pareciam patas de elefante!

Em meio a tudo isso, a dificuldade na amamentação. Chorávamos os dois. Foram feitas todas as tentativas e esforços possíveis. Já em casa, uma amiga chegou para nos visitar e vendo aquela situação saiu e voltou com uma lata de fórmula em pó. Fez a mamadeira, que Enzo tomou, esfomeado. Dormiu por duas horas seguidas naquela tarde. Nunca havia dormido por tanto tempo seguido. Para mim, a gota d'água já tinha sido descobrir na consulta com a pediatra que ele havia perdido 150 gramas ao invés de ganhá-los. Foi uma decisão difícil e frustrante, mas absolutamente necessária. Por um mês eu ainda tentei retirar o leite materno para alimentá-lo, mas ele tinha tanto refluxo que a pediatra prescreveu uma fórmula antirrefluxo.

A mesma pediatra suspeitou de um sopro no coração e solicitou uma avaliação com um cardiopediatra. Foram realizados o ecocardiograma e *ecodopller*. Além do "pequeno sopro", constatou-se a estenose pulmonar valvar moderada, ou seja, uma obstrução anatômica (estenose) do fluxo sanguíneo do ventrículo direito do coração para a artéria pulmonar. Paralelo a isso, um pequeno inchaço na virilha e, em dois dias, lá estavam elas: hérnias inguinais bilaterais (quando os tecidos do interior do abdômen saem por um ponto fraco da parede muscular abdominal na região inguinal – virilha), a ponto de se romper. Enzo realizaria sua primeira cirurgia.

A essa altura, eu já havia sofrido ruptura, seguida de inflamação dos pontos da cesárea, havia colocado um dreno, estava emocionalmente abalada por conta de tantas situações seguidas e tomando medicação para depressão pós-parto. Levei o Enzo em menos de dois meses em sete pediatras para ver se descobria o que estava acontecendo. A sensação é que eu estava gritando por socorro e ninguém me escutava. Ouvi os piores comentários e me senti desamparada. Minha vida mudou radicalmente. Agora, a sensação era de que meu coração não estava mais comigo e ele batia fora de mim. Olhava aquele bebê tão frágil, queria ajudá-lo e não sabia como. Ia de médico em médico, mas me falavam que estava tudo bem, que eu é que era ansiosa por ser mãe de "primeira viagem..."

Meu bebê não se alimentava direito. Chorava muito. Muito mesmo! Tinha cólicas fortes. Dormia pouco e seu sono era agitado. Detestava o banho. Detestava trocar de roupa. Cada mês, quando tinha que pesá-lo, era um sofrimento à parte, pois ele perdia peso.

Uma das fortes lembranças que tenho é da dedicação da minha mãe. Um dia, ela falou que ficaria direto conosco, pois como morávamos perto, ela geralmente passava o dia e voltava para sua casa, mas achou que aquilo não estava sendo suficiente. Após preparar uma deliciosa canja para mim, falou para eu ir descansar mais cedo que ela cuidaria do bebê. Eram três quartos, eu estava na suíte e ela no de hóspedes, pois no do Enzo não havia cama auxiliar. Quando acordei pela manhã, em uma das raras noites em que dormi naquele período, ela estava deitada no chão, ao lado do berço. Ela não queria que o choro dele me acordasse e permaneceu ali a noite toda. Aliás, ela ficava tão sentida que Enzo dormia tão pouco que se ele dormisse no colo dela, ela não se mexia, ficando na mesma posição para não o acordar.

soufādoENZO.com

Certa vez, minha mãe, que cuidou de dois filhos, meu irmão mais velho e eu, desabafou: "Tudo o que eu fazia com vocês com o Enzo não funciona". Colocava *funchicorea* (medicamento fitoterápico usado para acalmar bebês com cólicas), as cólicas aumentavam. Chá de maracujá o deixava mais agitado. As receitas da vovó não funcionavam! Um alerta vermelho se acendeu em minha mente com essa frase.

Enzo não levantou a cabeça aos três meses. Não ficou de bruços sozinho. Não se sentou aos seis meses. Não engatinhou aos nove e muito menos andou com um ano. Não respondia aos estímulos normalmente, como outra criança faria. Eu, como educadora, inclusive por muito tempo da Educação Infantil, sabia que tinha algo errado. Enzo estava tendo muita dificuldade em se adaptar, mais do que o normal.

No dia em que a pediatra o consultou e diante da minha angústia e insistência em perguntar sobre tanto atraso psicomotor e dúvidas a respeito do que fazer, já que nem o apoio médico estava contribuindo na qualidade de vida do meu filho, ela mencionou que ele era "preguiçoso mesmo", e sobre o estrabismo comentou que ele era "vesguinho". Ela está esperando até hoje eu marcar a próxima consulta e devia agradecer por não ter levado um processo. Ela não tinha obrigação de saber, mas tinha de investigar.

Já tinha sido confirmado o diagnóstico de refluxo gastroesofágico e do estrabismo. Foram realizados, por insistência minha, diante de tantas situações "anormais", uma tomografia e o encefalograma. O neurologista, indicado pela então pediatra, disse que Enzo era absolutamente normal, que estava tudo bem e que "nunca precisaria de neurologista".

Cansada de tanto ouvir que o problema era, inclusive, "eu" (mãe protetora demais, exagerada, ansiosa, enfim…), resolvi me empenhar em dar o melhor para o Enzo, incluindo mais qualidade de vida e tranquilidade, pois ele era tão pequeno e já havia enfrentado tantas situações adversas. Tive que correr atrás do prejuízo sendo mãe em carreira solo.

Saímos de uma capital e fomos morar numa pequena cidade litorânea, com meus pais. Retomei minha vida profissional, pois o Enzo dependia dela e dedicava cada precioso minuto que sobrava a ele. Enzo sempre apresentava problemas de saúde, mas eram sempre coisas "diferentes", não as comuns, que as crianças costumam ter. Uma delas foi *infantum roséola*, uma infecção viral contagiosa que afeta os bebês e as crianças jovens e causa febre alta seguida de uma erupção cutânea.

Eram exames, consultas e mais exames... Era uma rotina puxada. Precisávamos viajar constantemente para a capital e ficávamos em um hotel. Uma memória afetiva para o Enzo, pois ele não se lembra da parte ruim, mas se lembra – e fala até hoje –, como os funcionários o tratavam bem, da melancia que a "tia" trazia cortada para ele no café da manhã, do sucrilhos que ficava em um suporte que ele mal alcançava. Para ele era uma grande aventura. Ele sempre focou no lado bom da vida.

1.1.1 O pior dia de todos

Era um domingo. Estávamos realizando um animado almoço em família e alguns amigos. Fui tomar um banho e quando estou saindo, pela porta vejo todos ao redor do Enzo, que estava sentado na sua cadeira de refeição vendo TV, com um detalhe: amarrado pela cintura por uma fralda de tecido já que não conseguia se manter ereto o suficiente. Ninguém tocava nele, só o chamavam. Estavam todos desesperados. Quando me aproximei, vi-o já completamente roxo, com os lábios esverdeados, sem sentido, sem respirar! Enzo teve uma parada respiratória, talvez cardiorrespiratória, nunca saberemos.

Em um primeiro momento, achamos que ele tinha se afogado (eram comuns os vômitos e engasgos por causa do refluxo). Eu não estava raciocinando naquele momento, tomada pelo pânico. Eu tentava desamarrá-lo e não conseguia. Alguém comentou que achava que ele estava comendo uva, fruta que adorava na época. Meu pai chegou a virar a cadeira de cabeça para baixo, com Enzo soufâdoENZO.com

e tudo. Foi quando consegui desamarrar e pegá-lo no colo. Instintivamente, coloquei meus dedos na garganta dele, fiz tudo o que eu me lembrava de ter visto sobre o que fazer em caso de engasgo, mas ele parecia não responder. Por dias fiquei traumatizada em ver o sangue dele na minha mão. Descrevendo assim parece que foi uma eternidade, mas a verdade é que tudo aconteceu em minutos.

O desespero tomou conta de todos e eu, com meu filho no colo, temendo o pior, resolvi seguir para a emergência mais próxima, que ficava a insuportáveis oito quilômetros. A imagem do meu pai dirigindo de uma forma como eu nunca vi por aquela estrada, e que, providencialmente, estava vazia naquele momento, é uma das expressões de amor que ficaram registradas: ele estava fazendo de tudo para me ajudar a salvar o meu filho. Enzo não reagia em meus braços e eu confesso que não conseguia olhá-lo, pois cheguei a pensar que o pior havia acontecido.

Em uma fração de segundos percebi que estávamos em frente ao Posto de Saúde. Milagrosamente, Enzo retomou os sentidos. Estava pálido, suando frio, calado de tão assustado. Meu pai pedindo por socorro, o médico e a enfermeira vindo à minha direção, eu já dentro do posto tentando explicar o que estava acontecendo, e Enzo soltou um sorriso enorme para o médico, como se nada tivesse acontecido. O médico o avaliou espantado e solicitou um exame de Raio-X para descartar a possibilidade, se fosse o caso, de o refluxo ter atingido os pulmões. Quando voltamos para casa, todos comemoraram aliviados. Eu fiquei no quarto chorando por horas seguidas.

Viajamos para Curitiba, onde já tínhamos duas consultas marcadas, uma, inclusive, com a otorrinolaringologista, devido às otites frequentes. Relatando o fato ocorrido, ela verificou no exame que ele tinha a amígdala exageradamente grande e a adenoide a estava obstruindo. A médica me conformou, tirando um peso das minhas costas, ao dizer que, ao contrário do que eu imaginava, eu não o havia machucado ao colocar a mão na garganta dele, mas o salvado, ao desobstruir as suas vias respiratórias. Só que o quadro cianótico não o fez reagir imediatamente. Ela me alertou que outra parada respiratória poderia ocorrer e, pior, com ele dormindo. Teríamos que realizar uma intervenção cirúrgica.

Mais exames... A angústia da espera... O medo da anestesia geral... E, enfim, o dia da cirurgia. Mas ela foi desmarcada na porta do centro cirúrgico. A anestesista pediu uma reavaliação com a cardiopediatra, pois avaliou que Enzo corria riscos.

Nessa nova consulta foi que a cardiopediatra, escutando meu (longo) relato, vendo o blog na tela do computador, examinando os pés do Enzo, levantou a possibilidade de ser uma síndrome e me aconselhou a realizar uma reavaliação com um neurologista, agora indicado por ela.

Com a liberação da cardiopediatra, Enzo realizou a adenoamigdalectomia (excelente trava-língua), cirurgia de remoção das adenoides e amígdalas, num único procedimento.

Tratando-se do Enzo, lógico que seria com emoção. Ele entrou no centro cirúrgico. Fiquei naquela espera, por horas intermináveis, até que, enfim, ele chegou ao quarto. Fiquei ao lado dele num sofá, a enfermeira o posicionou de uma forma confortável e com a cabeça elevada. Foi a enfermeira sair, começou a sair sangue pelo nariz, ele começou a cuspir sangue coagulado por todo o quarto e eu, reunindo todas as minhas forças para não desmaiar, consegui chamar a enfermeira, que chamou a médica, que saiu correndo com ele nos braços. Enzo teve uma hemorragia. Retornou ao centro cirúrgico e, dessa vez, percebi a preocupação da equipe, pois a grande questão era administrar novamente a anestesia geral em uma criança pequena com diagnóstico de cardiopatia.

Lembro-me de que voltei ao quarto, já limpo, mas eu via a cena acontecendo de novo. Aliás, eu revi meu parto, a cirurgia da hérnia e o dia da parada respiratória. O filme da minha maternidade toda passou pelos meus olhos naquelas paredes do quarto de hospital. Eu me sentia tão sozinha, tão impotente... Eu estava quebrantada. Lembro-me de me ajoelhar e pedir: "Deus, eu não sou digna de que entreis em minha morada, mas dizeis uma só palavra e o Enzo

soufãdoENZO.com

será salvo". Fui tomada então, por uma paz que transcende todo entendimento.

Enzo retornou ao quarto muito bem. Depois da alta, sua recuperação foi excelente, mas aos 6 anos teve que realizar outro procedimento devido à hipertrofia adenoideana e rinopatia. Dessa vez, com alta no mesmo dia e sem fortes emoções. Ainda, próximo aos 3 anos, também necessitou de tratamento odontológico em ambiente hospitalar, com anestesia geral. Do ponto de vista médico, tudo tranquilo. Do meu ponto de vista, tumultuado, pois eu tive que vender meu carro, mas isso era um detalhe nessa nossa intensa experiência.

1.1.2 As peças do quebra-cabeças, enfim, encaixam-se

Antes de a cardiopediatra nos encaminhar para uma segunda opinião do neurologista, eu já havia consultado na internet sobre síndromes. Como o Enzo era muito sensível a sons e demonstrava muita sensibilidade para a música, um dia li um artigo sobre a Síndrome de Williams. Ao supor isso aos médicos, a hipótese era sempre descartada. Imagina! Coisa de mãe. Eu nem era médica!

Comentei sobre isso com o então neurologista, que, verificando o atraso psicomotor e que a idade do Enzo, apesar de a cronológica ser de 2 anos e dois meses, era equivalente a 1 ano e três meses, encaminhou-me para um geneticista.

Nesse mesmo tempo, coloquei o Enzo em um centro educacional. Sabendo de suas limitações, acreditava que frequentando o Maternal I em companhia de outras crianças e com atividades diferentes, isso faria diferença para ele. E realmente fez. No meio período em que ficava lá, em poucos dias, Enzo demonstrou progressos.

No dia da consulta, o geneticista me ouviu atentamente e foi o único, naquele tempo todo, que parecia me entender. Dias antes havia entrado no site da ABSW[8] e havia ficado muito impressionada com o relato de Haila, uma garotinha que, inclusive, na aparência, era muito semelhante ao Enzo. Até brinquei que era a "versão feminina do Enzo". Comentei situações como a de que Enzo andou sozinho com 1 ano e nove meses, que não subia, nem descia degrau sozinho; que tinha pouco equilíbrio se o solo fosse irregular, como de areia ou cascalho, e sempre buscava apoio de alguém nessa situação.

Tinha fascinação por tudo que girava. Pegava os carrinhos para girar as rodinhas, colocava o triciclo de ponta-cabeça para girar as rodas. Isso me fazia associar às características do autismo. Desde que começou a ficar em pé, também apresentava um movimento estereotipado de flexionar levemente os joelhos. Parecia estar dançando, mas fazia isso quando estava prestando atenção em alguma coisa (televisão ou pessoa falando com ele).

Era muito teimoso, quando se interessava por alguma coisa não desistia, e se visse que eu não ia deixar, fazia um escândalo, chorava, gritava muito, jogava-se no chão e batia a cabeça no chão ou nas pessoas, quando não tentava mordê-las ou beliscá-las. Cheguei a suspeitar que ele não sentia dor e depois li que, na verdade, eles têm bastante tolerância a ela. Ele era muito detalhista e olhava atentamente, em todos os ângulos, algum objeto que estava conhecendo. Adorava folhear revistas e ficava horas observando as imagens. Começou a falar algumas palavras, a maior parte por repetição. Gostava muito de TV. Esforçava-se para falar quando queria que eu colocasse o DVD do Cocoricó e chamava pelos personagens Júlio e Zazá. Sempre compartilhava tudo e oferecia o que estava comendo a todos. Muito sensível e emotivo. Ficava muito sentido quando via alguma cena de briga ou discussão na TV e mudava o canal imediatamente.

O médico colocou na minha frente uma folha com uma relação de itens e detalhes. Estava escrito em inglês, mas mesmo não

---

[8] Website Oficial da Associação Brasileira da Síndrome de Williams. A ABSW foi fundada em 9 de fevereiro de 2002, pela mãe Jô Nunes, de Jéssica Nunes/SW (*in memoriam*). Endereço para consulta: http://swbrasil.org.br/.

soufãdoENZO.com

sendo o meu forte, eu entendi tudo. E marquei a maioria deles. O primeiro era: restrição de crescimento intrauterino, para a qual eu sempre procurei uma explicação, e outros que me lembro eram: dificuldade em sugar, dificuldade de alimentação no primeiro ano de vida, choro excessivo, dificuldade em dormir, sono agitado, hérnia inguinal bilateral, estenose pulmonar, muito amigável, hiper social, comunicativo, atraso na coordenação psicomotor, sensível a sons. Qualquer semelhança não era mera coincidência.

Enzo estava em pé, no meu colo, e o médico começou a fazer ritmos musicais e sons com objetos. Enzo logo se empolgou com a brincadeira. O geneticista sorriu e me perguntou se eu suspeitava o que era, pois ele tinha 88% de certeza. Ri e respondi que eu tinha 99%. Nenhum dos dois citou a SW. Ele solicitou imediatamente um exame específico chamado FISH.[9] Já me adiantou que os planos de saúde costumavam não cobrir, pois era muito caro e poderia haver necessidade de solicitar judicialmente. Soube que, tempos antes, a amostra tinha que ir para o exterior, depois o exame começou a ser realizado em São Paulo. Na hora pensei: como nada tem sido fácil, lá vamos nós correr atrás de advogado.

Enganei-me. Não tivemos problemas nenhum. Antes dos trinta dias previstos estava pronto, mas tínhamos que aguardar a consulta, na qual o geneticista abriu o envelope e me perguntou: "A senhora disse que tinha 99% de certeza de qual era a síndrome que eu suspeitava. Qual era, Sra. Luciana?". Depois do pedido do exame eu já tinha certeza e respondi confiante: "Síndrome de Williams". Surpreso, ele confirmou: "A senhora estava 100% certa". Naquele momento, as milhares de peças do quebra-cabeça que estavam espalhadas e pareciam que nunca iam se encaixar, encaixaram-se!

---

[9] Teste padrão segundo a literatura para microdeleção cromossômica detectada por hibridização com sonda de PCR (teste genético). O exame detecta a microdeleção do cromossomo 7 associada a Síndrome de Williams. Obrigatório preenchimento de questionário na coleta de sangue e envio para exames citogenéticos.

Luciana Milcarek

Pelos indícios clínicos, evidências e resultado do teste, veio a confirmação diagnóstica da suspeita clínica. Mas uma coisa é você suspeitar e outra, bem diferente, é ter o diagnóstico confirmado.

1.1.3 Do luto à luta

Um turbilhão de emoções tomou conta de mim. Caí num choro compulsivo. Eu não estava chorando porque confirmei a síndrome, mas porque eu sempre tive razão! Sim, a confirmação de um diagnóstico muda tudo! Primeiro, você chora porque vem o alívio de que você não é louca. Você se dá conta de que não é a mãe exagerada que tanto te disseram. Segundo, porque você faz as pazes com a maternidade (ou deveria fazer), o peso da culpa fica mais leve, pois se em geral, ser mãe não é uma tarefa fácil, doando-se integralmente, desvendando seu filho e transformando sua própria vida, ao descobrir ser mãe de uma criança com necessidades especiais aumenta radicalmente a quantidade e a intensidade das emoções. Então, não é uma questão de você não saber ser mãe, ser fraca, incompetente ou qualquer absurdo parecido. Se os pais, em geral, acham que seus filhos deveriam vir com manual de instruções, imagine nós! O principal fator que mudou tudo para mim foi ter uma resposta! Poderiam ser poucos os estudos, poucas as publicações, mas agora eu tinha mais possibilidades. Eu sabia com o que eu estava lidando.

Eu vou aproveitar para registrar aqui, com todo o respeito às organizações que optaram por essa denominação, a minha manifestação de que sou contra o uso da palavra deficiência. Considero sim, o termo negativo, apesar de ser o termo oficial atual, e considerado correto, conforme definido pela Convenção das Nações Unidas (ONU, 2006) sobre o Direito das Pessoas com Deficiência (PCD) e Ementas Constitucionais (Decreto Legislativo n.º 186 / Decreto n.º 6.949).

Os termos anteriores eram: portador de deficiência, portador de necessidades especiais (PNE) e pessoa portadora de deficiência (PPD), mas não são considerados os mais adequados. A justifica-

soufadoENZO.com

tiva para a mudança é que possuem a deficiência (portanto não são portadoras, ok) e que isso não está relacionado à ineficiência, mas quantas pessoas da nossa sociedade vão ter acesso ou ler um documento com argumentação sobre isso? Porque se for direto num dicionário você vai encontrar que o significado é exatamente insuficiência, ineficiência e pior: imperfeição, defeito, falta de valor.

Foi bem isso que Enzo fez e ficou arrasado com os termos que encontrou, mesmo sendo trabalhado desde pequeno para se aceitar como é. Porém, ele foi muito claro: "Não sou deficiente!". Aí, ele foi pesquisar o termo "especial": fora do comum, excelente, notável. Com qual ele se identificou mais? Não se trata de eufemismo em querer utilizar termos mais agradáveis para suavizar e diluir as diferenças. Trata-se do fato de ele ser uma pessoa especial no sentido mais amplo da palavra: que não é geral, que diz respeito a uma coisa ou pessoa; individual, particular. Polêmicas à parte, esse poderia ser assunto para outro livro.

Dando continuidade ao que ocorre após se ter o diagnóstico em mãos, não posso deixar de compartilhar que existe um processo de luto simbólico, uma vez que não há a morte no sentido concreto da palavra, mas reações e emoções, resultantes de uma perda muito impactante. Nesse caso, relacionada às expectativas construídas com a chegada de um bebê, a morte dos planos, sonhos e projetos que se tinha para essa criança. Pais idealizam o filho antes mesmo de ele nascer: uma vida saudável, a aparência física que terá, a primeira escola, a casa cheia de amigos, as notas excelentes no vestibular, a independência e a vida adulta.

Os pais nunca estarão preparados para receber um filho que seja diferente do que foi imaginado. Choque, negação, culpa, raiva e tristeza são alguns sentimentos pelos quais, principalmente as mães, podem passar. Você pensa em tantas coisas, em algumas talvez nunca tinha pensado antes, como inclusão, preconceito, aceitação das diferenças, reação das pessoas, aceitação do seu filho e independência. Cada um tem seu tempo nessa elaboração. Fato é que se torna necessário sofrer pela perda do filho idealizado e apegar-se ao filho existente e pertencente à realidade que lhe é imposta.

Muitos param nesse ponto. Entregam-se ao desespero e à dor. Fazem da vida uma lamentação, às vezes escondida em uma máscara superficial, ou pior, veem seu filho como um fardo.

A família precisa compreender melhor as condições da criança e aprender a lidar com uma série de novas informações. É tempo de pesquisar sobre o assunto, conhecer pessoas com filhos parecidos aos seus e, acima de tudo, superar os preconceitos. Outro ponto bastante importante é a luta pela inclusão. Foi isso que eu entendi que era preciso e comecei a fazer.

1.2 CARACTERÍSTICAS DA SÍNDROME DE WILLIAMS (SW)

A Síndrome de Williams (SW) é uma doença genética e neurocomportamental causada por uma deleção hemizigótica de múltiplos genes na região cromossômica 7q11-23. Estudos relatam uma incidência que oscila entre 1:20.000 e 1:50.000 nascidos vivos e prevalência de 1:7.500 até 1:20.000.[10]

A síndrome foi descrita, de modo independente, em 1961 e em 1962, respectivamente, pelos médicos cardiologistas Williams e Beuren, e, então, denominada Síndrome de Williams-Beuren. Atualmente, é identificada, na maior parte dos estudos, como Síndrome de Williams (SW).[11]

Os bebês mostram dificuldades em se alimentar, dormem mal e são muito irritáveis. À medida que crescem, sua voz se torna rouca e procede com extrema lentidão no desenvolvimento. Em média, começam a caminhar após os 20 meses, muitas vezes em seus calcanhares, o que geralmente persiste por toda a vida e que

---

[10] HAYASHIUCHI, Ana Yaemi *et al.* Competências escolares e sociais em crianças e adolescentes com Síndrome de Williams. *Rev. bras. educ. espec.*, Marília, v. 18, n. 3, p. 375-390, set. 2012. p. 376.

[11] PASCUAL-CASTROVIEJO, I. *et al.* Williams-Beuren syndrome: Presentation of 82 cases. *Anales de Pediatría*, Madrid, v. 60, n. 6, p. 530-36, 2004.

lhes dá uma aparência estranha ao caminhar. Além disso, são muito sensíveis a ruídos, normalmente têm baixa estatura em relação às outras crianças do seu ambiente, e apresentam envelhecimento prematuro (rugas prematuras e cabelos brancos).

Conforme Silva,[12] caracterizam-se por nariz pequeno e empinado, cabelos encaracolados, lábios cheios, dentes pequenos e sorriso frequente. Embora comecem a falar tarde, por volta dos 18 meses, demonstram facilidade para aprender rimas e canções, demonstrando muita sensibilidade musical e concomitantemente boa memória auditiva. Seu desenvolvimento motor é mais lento. Demoram a andar e têm grande dificuldade em executar tarefas que necessitem de coordenação motora, tais como: cortar papel, desenhar, andar de bicicleta, amarrar o sapato etc. Essas crianças normalmente têm problemas de coordenação e equilíbrio, apresentando um atraso psicomotor. As medidas preventivas devem-se iniciar logo após o diagnóstico, com um estudo minucioso para descarte de anomalias do coração e rins. É necessário monitorar frequentemente a hipertensão arterial, incluindo a avaliação da tensão arterial nos quatro membros. A otite crônica exige avaliações auditivas frequentes e, quando necessário, uma consulta de otorrinolaringologia. O tratamento de problemas dentários necessita da profilaxia da endocardite.

Ainda de acordo com a autora, é grande a sociabilidade, entusiasmo e sensibilidade; possuem uma memória fantástica para pessoas, nomes e locais; têm ansiedade e medo de alturas, preocupação excessiva com determinados assuntos ou objetos, distúrbios do sono e dificuldades no controle do esfíncter. Muitas crianças com SW demonstram medo ao escutarem ruídos de bater palmas, liquidificador, avião etc., por serem sensíveis ao som (hiperacusia).[13]

---

[12] SILVA, 2020.

[13] *Idem.*

De acordo com Lopes,[14] a síndrome é um conjunto de sinais clínicos e, na de Williams, os sinais mais comuns são a face característica, a personalidade amigável e uma alteração cardíaca conhecida como estenose valvar supra aórtica (EVSA), é importante lembrar que não é obrigatória a presença de todos os sinais descritos para a confirmação do diagnóstico, o qual deve ser feito por um médico. Os sinais clínicos que mais chamam a atenção são:

- A face de um indivíduo com SW é bastante característica, com o aumento do volume da região das pálpebras, nariz com ponta arrebitada e lábios grossos.

- Problemas de coração e vasos, destacando-se a EVSA e a estenose de artéria pulmonar (estreitamento da artéria que leva o sangue para os pulmões).

- Dificuldade de alimentação nos primeiros meses de vida.

- Atraso de desenvolvimento neuromotor/deficiência mental.

- Atraso de crescimento com baixa estatura na idade adulta.

- Aumento do nível de cálcio no sangue (mais frequente no 1º ano de vida).

- Íris ("menina dos olhos") com padrão de estrela.

- Ausência de alguns dentes, dentes pequenos e, às vezes, com mau fechamento das arcadas dentárias.

- Voz rouca.

- Personalidade amigável.

---

[14] LOPES, V. L. G. S. *A Síndrome de Williams e seus cuidados*. São Paulo, 11 de jun. de 2010. Disponível em: http://swbrasil.org.br/artigos/a-sindrome-de-williams-beuren-e-seus-cuidados. Acesso em: 24 mar. 2020.

soufãdoENZO.com

- Aumento da sensibilidade ao som.

Com base na literatura e vivência, apresento, na Tabela 1, sinais clínicos que Enzo apresentou, ou não, e que estão relacionados à SW:

Tabela 1 – Sinais clínicos apresentados (ou não) pelo Enzo e relacionados à Síndrome de Williams

Dificuldade na alimentação durante a infância	Sim	Atualmente, permanece a seletividade alimentar.
Irritabilidade	Sim	Principalmente entre 3 a 5 anos.
Hipotonia (pouco tônus muscular)	Sim	Quando bebê já era visível.
Problemas cardiovasculares (vasos sanguíneos estreitos)	Sim	Apresentou sopro e a estenose aórtica supravalvar moderada. Tanto o sopro como a estenose desapareceu com o crescimento.
Cólicas, refluxo e vômitos nos primeiros meses de vida	Sim	Atualmente, ainda permanece com refluxo. Foi diagnosticado com hérnia de hiato, esofagite erosiva e duodonite.
Atrasos leves ou moderados no desenvolvimento cognitivo	Sim	Com a realização de testes de QI verificou-se uma evolução.
Personalidade extremamente sociável e dócil	Sim	Sempre.
Menor estatura do que o esperado para a idade	Sim	Até os 9 anos de idade sim. A partir dos 10 anos desenvolveu rapidamente altura e peso.
Baixo timbre de voz	Não	Pelo contrário, sendo necessário pedir para falar mais baixo. A voz característica é rouca.
Hipercalcemia (excesso de cálcio no sangue)	Não	Nunca apresentou nos exames.
Hipersensibilidade auditiva e hiperacusia (sensibilidade a sons)	Sim	Muita. Apesar de aprender a conviver com alguns, fogos de artifício, por exemplo, são um pesadelo.
Problemas dentários (como dentes espaçados)	Sim	Passou por vários tratamentos, teve muitas cáries. Após aplicação de selante desapareceram e agora faz tratamento ortodôntico, com aparente sucesso.

Tendência a problemas renais	Não	Nunca apresentou queixas e nem se detectou anomalias nos exames, mas como é comum da SW, precisa urinar com grande frequência.
Déficit de atenção	Sim	Tratamento com medicação piorou quando menor, mas melhorou com psicopedagogia. Apresenta falta de atenção a detalhes, agitação de mãos e pés, respostas precipitadas, dificuldade para aguardar a vez e para execução de determinadas tarefas.
Clinodactilia (curvatura para dentro do dedo mindinho)	Sim	Apresenta unhas hipoplásicas. Foi verificado com exames, ortopedista e fisioterapeuta: joelhos valgos, hálux valgus, semiflexão de joelhos e pés planos e equinos. Realizou cirurgia ortopédica para alinhamento e correção do mindinho, mas não resolveu, o nervo volta para o padrão. Há outras questões ortopédicas aparecendo, como contraturas articulares em membros inferiores, encurtamento dos tendões e encurtamento dos músculos isquiotibiais.
Distúrbios e dificuldade de aprendizado	Sim	Obteve resultados com psicoterapia e psicopedagogia. Sempre frequentou escola regular e está na série de acordo com a idade.
Presença de sulcos longos na pele que vão do nariz ao lábio superior	Sim	Face característica.
Traços faciais característicos (ponte nasal achatada, estrabismo etc.)	Sim	Face característica.

Outros sinais ou complicações apresentadas: otite de repetição na infância; hérnias; alterações de comportamento, ansiedade, déficit de atenção e hiperatividade; atraso de desenvolvimento motor e de fala, dificuldade escolar, diminuição de visão espacial, estrabismo; problemas de postura; intolerância a lactose; rinite alérgica; faringites constantes; alergia a diclofenaco.; conjuntivites de repetição.

Fonte: a autora

1.2.1 Orientações sobre acompanhamentos médicos

Muitas vezes, as pessoas não têm consciência da dedicação necessária a uma criança que necessita de cuidados especiais. Conheço histórias de pais/responsáveis que fazem o impossível por seus filhos(as) com SW.

Na SW, o acompanhamento é importante porque os especialistas podem dar todo o aparato para oferecer uma melhor qualidade de vida. Além disso, o profissional pode trabalhar possíveis complicações provenientes da síndrome, como o desenvolvimento cognitivo, motor e comportamental.[15]

Enzo necessitou de vários acompanhamentos na infância. Pela falta de especialistas onde morávamos, muitas vezes fui eu que realizei, com a devida orientação de especialista, os exercícios de fonoaudiologia, por exemplo. Foram regulares as consultas com o pediatra, o cardiopediatra e o neurologista. Houve a intervenção cirúrgica na parte odontológica e sempre estavam entre as prioridades na lista as consultas com a otorrinolaringologista, a oftalmologista e o gastroenterologista, acompanhadas de endoscopias frequentes.

Conforme cita Lopes,[16] ao se falar em complicações é importante salientar que nem todos vão apresentá-las ou, ainda, que o fato de ter uma delas não implica em ter as outras. As principais são:

- Alterações cardiovasculares: além da EVSA e da estenose de artéria pulmonar, estão descritas outras alterações que podem levar ao aumento da pressão arterial (hipertensão).

- Hipercalcemia (aumento do cálcio no sangue): ocorrendo mais frequentemente no 1º ano de vida. Suas manifestações incluem irritabilidade, vômitos, constipação e tremores.

---

[15] BRITES, C. *In:* INSTITUTO NEURO SABER. O que é a Síndrome de Williams? Londrina, 14 de junho de 2017.

[16] *Idem.*

O aumento do cálcio no sangue pode levar à alteração do metabolismo da vitamina D e acúmulo de cálcio no rim (nefrocalcinose).

- Infecções de ouvido frequentes.

- Alterações de comportamento, ansiedade, déficit de atenção e hiperatividade.

- Atraso de desenvolvimento motor e de fala, dificuldade escolar, diminuição de visão espacial, estrabismo.

- Problemas de postura (cifose, lordose).

- Alterações nos rins, na bexiga e no intestino (diverticulite, que é a dilatação de uma parte do intestino).

- Hérnias.

- Problemas com anestesia.

- Não administrar vitaminas sem controle médico para evitar complicações relacionadas à vitamina D.

- Realizar avaliações cardiovasculares com especialista, periodicamente, pelo risco de hipertensão.

- Orientações nas áreas de reabilitação e pedagógica constantes.

Ainda conforme a autora, em relação aos cuidados, é importante:

Primeiro ano de vida

- Acompanhamento pediátrico regular.

- Utilização de curvas próprias para a SWB na averiguação do crescimento e ganho de peso e acompanhamento nutricional.

- Avaliação cardiológica.

- Atenção para a investigação de refluxo gastresofágico, dificuldade de sucção e deglutição, vômitos, cólicas e hérnias.

- Avaliação de audição entre 6 e 12 meses.

- Medidas de pressão arterial em ambos os braços e pernas.

- Tratamento precoce de prisão de ventre (constipação).

- Consulta ao geneticista.

- Avaliação oftalmológica.

- Exames: FISH, dosagens de creatinina e cálcio no sangue, urinálise, relação cálcio/creatinina urinários, investigação de hipotiroidismo, ultrassonografia de vias urinária.

- Iniciar programa de estimulação e encaminhar família para grupo de suporte.

Cuidados para todas as idades

- Avaliação médica anual.

- Utilização de curvas específicas para SWB no acompanhamento de peso e estatura, além de acompanhamento nutricional.

- Avaliação cardiológica.

- Avaliação de audição e visão.

- Avaliação de problemas digestivos e urinários.

- Avaliação ortopédica.

- Avaliação neurológica.

- Medidas de pressão arterial em ambos os braços e pernas.

- Avaliação odontológica.

- Inclusão em programa de tratamento multidisciplinar e escolarização.

- Se necessário, realizar cirurgia, consulta pré-anestésica.

Exames a serem realizados

- Análise anual da urina.

- Dosagem de cálcio no sangue (se normal, repetir a cada dois anos).

- Dosagem da taxa de excreção urinária de creatinina e cálcio a cada dois anos.

- Verificação da função tiroidiana cada quatro anos.

- Dosagem de creatinina no sangue a cada quatro anos.

Conclui-se, portanto, a importância de se identificar a síndrome logo na primeira infância, pois isso influencia em diversas partes do desenvolvimento cognitivo, comportamental e motor.

1.2.2 Minha experiência com o TDHA

Segundo a Associação Brasileira do Déficit de Atenção (ABDA), o Transtorno do Déficit de Atenção com Hiperatividade (TDAH) é um transtorno neurobiológico, de causas genéticas, que aparece na infância e frequentemente acompanha o indivíduo por toda a sua vida. Ele se caracteriza por sintomas de desatenção, inquietude e impulsividade.[17]

A inquietude e impulsividade eram os mais nítidos no Enzo, e a dificuldade de prestar atenção em algo por muito tempo, bem característica. Exemplificando: quando fazia atividades de desenho e pintura, ele não pintava o desenho, ele rabiscava com gestos impulsivos e em segundos não queria mais a mesma atividade.

No estudo de Hayashiuchi,[18] cita-se que associada a SW há a elevada incidência de transtornos psiquiátricos, sendo os mais incidentes as fobias específicas, Transtorno de Ansiedade e o Transtorno de Déficit de Atenção e Hiperatividade (TDAH) e que pessoas com SW, que têm comorbidade com TDAH, apresentam padrões comportamentais de hiperatividade e impulsividade semelhantes aos observados em crianças com desenvolvimento típico que também apresentam o transtorno.

Aprendi que educar um filho com TDAH não é tarefa das mais simples. É preciso ser paciente, calmo e ter bastante jogo de cintura. Só que quando se está vivenciando a "crise", isso é muito difícil e cansativo. Minha preocupação com os padrões comportamentais do

---

[17] Associação Brasileira do Déficit de Atenção (ABDA).
[18] *Idem.*

Enzo é que à medida que ele crescia, aumentassem os sentimentos de solidão e baixa autoestima.

Tratamentos com medicamentos para o Enzo só pioraram a situação, então, além da psicoterapia, nas minhas leituras encontrei estratégias na ABDA[19] que tornaram a nossa vida mais sadia e feliz:

1. Reforçar o que há de melhor na criança.

2. Não estabelecer comparações entre os filhos. Cada criança apresenta um comportamento diante da mesma situação.

3. Procurar conversar sempre com a criança sobre como está se sentindo.

4. Aprender a controlar a própria impaciência.

5. Estabeleça regras e limites dentro de casa, mas tenha atenção para obedecê-los também.

6. Não esperar "perfeição".

7. Não cobre resultados, cobre empenho.

8. Elogie! Não se esqueça de elogiar! O estímulo nunca é demais. A criança precisa ver que seus esforços em vencer a desatenção, controlar a ansiedade e manter o "motorzinho de 220 volts" em baixas rotações estão sendo reconhecido.

9. Manter limites claros e consistentes, relembrando-os frequentemente.

10. Use português claro e direto, de preferência falando de frente e olhando nos olhos.

11. Não exigir mais do que a criança pode dar: deve-se considerar a sua idade.

---

[19] *Idem.*

ESTUDO

1. Escolher cuidadosamente a escola e a professora para que a criança possa obter sucesso no processo de ensino-aprendizagem.

2. Não sobrecarregar a criança com excesso de atividades extracurriculares.

3. O estudo deve ser do jeito que as crianças ou os adolescentes bem entenderem. Tudo deve ser tentado, mas se o resultado final não corresponder às expectativas, reavalie após algumas semanas e peça novas opções; vá tentando até chegar à situação que mais favoreça o desempenho.

4. Tenha contato próximo com os professores para acompanhar melhor o que está acontecendo na escola.

5. Todas as tarefas têm que ser subdivididas em tarefas menores que possam ser realizadas mais facilmente e em menor tempo.

REGRAS DO DIA A DIA

1. Dar instruções diretas e claras, uma de cada vez, em um nível que a criança possa corresponder.

2. Ensinar a criança a não interromper as suas atividades: tentar finalizar tudo aquilo que começa.

3. Estabelecer uma rotina diária clara e consistente: hora de almoço, de jantar e dever de casa, por exemplo.

4. Priorizar e focalizar o que é mais importante em determinadas situações.

5. Organizar e arrumar o ambiente como um meio de otimizar as chances para sucesso e evitar conflitos.

CASA

1. Manter em casa um sistema de código ou sinal que seja entendido por todos os membros da família.

2. Manter o ambiente doméstico o mais harmônico e o mais organizado possível.

3. Reservar um espaço arejado e bem iluminado para a realização da lição de casa.

4. O quarto não pode ser um local repleto de estímulos diferentes: um monte de brinquedo, pôsteres etc.

COMPORTAMENTO

1. Advertir, construtivamente, o comportamento inadequado, esclarecendo com a criança o que seria mais apropriado e esperado dela naquele momento.

2. Usar um sistema de reforço imediato para todo o bom comportamento da criança.

3. Preparar a criança para qualquer mudança que altere a sua rotina, como festas, mudanças de escola ou de residência etc.

4. Incentivar a criança a exercer uma atividade física regular.

5. Estimular a independência e a autonomia da criança, considerando a sua idade.

6. Estimular a criança a fazer e a manter amizades.

7. Ensinar para a criança meios de lidar com situações de conflito (pensar, raciocinar, chamar um adulto para intervir, esperar a sua vez).

PAIS

1. Ter sempre um tempo disponível para interagir com a criança.

2. Incentivar as brincadeiras com jogos e regras, pois além de ajudar a desenvolver a atenção, permitem que a criança se organize por meio de regras e limites e aprenda a participar, ganhando, perdendo ou mesmo empatando.

3. Quem tem TDAH pode descarregar sua "bateria" muito rapidamente. Se esse for o caso, recarregue-a com mais frequência. Alguns portadores precisam de um simples cochilo durante o dia, outros de passear com o cachorro, outros de passar o fim de semana fora, outros, ainda, de ginástica ou futebol. Descubra como a "bateria" do seu filho é melhor recarregada.

4. Evite ficar o tempo todo dentro de casa, principalmente aos fins de semana. Programe atividades diferentes, não fique sempre fazendo a mesma coisa. Leve todos à praia, ao teatro, ao cinema, para andar no parque, enfim, seja criativo.

5. Estabeleça cronogramas, incluindo os períodos para "descanso", brincadeiras ou simplesmente horários livres para se fazer o que quiser.

6. Nenhuma atividade que requeira concentração (estudo, deveres de casa) pode ser muito prolongada. Intercale coisas agradáveis com tarefas que demandam atenção prolongada (portanto, potencialmente desagradáveis).

7. Procure sempre perguntar o que ela quer, o que está achando das coisas. Não crie uma relação unidirecional. Obviamente, os pedidos devem ser negociados e atendidos no que for possível.

8. Use mural para afixar lembretes, listas de coisas a fazer, calendário de provas. Também coloque algumas regras que foram combinadas e promessas de prêmio quando for o caso.

9. Estimule e cobre o uso diário de uma agenda. Se ela for eletrônica, melhor ainda. As agendas devem ser consultadas diariamente.

1.2.3 Minha experiência com o TEA

Conforme citei ao longo do relato, houve, já no início, um momento no qual desconfiei, e ao longo dessa década, constatei a presença, no Enzo, do Transtorno do Espectro Autista (TEA), ou comumente chamado de autismo. O autismo é uma disfunção global do desenvolvimento e de acordo com a Política Nacional de Educação Especial na Perspectiva da Educação Inclusiva: "Os alunos com transtornos globais do desenvolvimento são aqueles que apresentam alterações qualitativas das interações sociais recíprocas e na comunicação, um repertório de interesses e atividades restrito, estereotipado e repetitivo".[20]

---

[20] BRASIL. Ministério da Educação. *Política Nacional de Educação Especial na Perspectiva da Educação Inclusiva*. Brasília. Secretaria de Educação Especial, 2008.

As características que observei eram: imprevisibilidade, riso inapropriado, aparente insensibilidade à dor, rotação de objetos, inapropriada fixação em objetos, perceptível hiperatividade, insistência em repetição, resistência à mudança de rotina, não ter real medo do perigo (consciência de situações que envolvam perigo), procedimento com poses bizarras (fixar objeto ficando de cócoras; colocar-se de pé numa perna só; impedir a passagem por uma porta, somente liberando-a após tocar de uma determina maneira os alisares), ecolalia (repetia palavras ou frases em lugar da linguagem normal), agia como se estivesse surdo, dificuldade em expressar necessidades (usava gesticular e apontar no lugar de palavras), acessos de raiva (demonstrava extrema aflição sem razão aparente), irregularidade na habilidade motora (não queria chutar uma bola, mas arrumava blocos).

O padrão típico da SW é de pessoas festeiras, animadas, sociáveis, desinibidas, com tendência para se aproximar de estranhos, iniciar uma interação e fazer novos amigos. Após alguns minutos de conversa com um estranho, eles já se dispõem a ir à casa da pessoa e a consideram sua melhor amiga. Em geral, eles são "tagarelas" e têm um bom vocabulário. A socialização e a comunicação são consideradas como pontos fortes na síndrome, por esse motivo muitos pesquisadores consideram a SW como o oposto do autismo.[21]

Eu demorei muito a conversar com o neurologista sobre isso, pois deduzi que a SW era o oposto do autismo devido às habilidades sociais e à facilidade na comunicação, mas ele me explicou que poderia dar essa impressão inicialmente, mas que era um engano. Pode-se observar, por exemplo, que é normal as crianças com essa síndrome serem amigas de adultos e procurarem a companhia deles ao mesmo tempo em que têm dificuldade em fazer amizades com crianças da sua idade. Isso eu observava muito no Enzo, tanto que era uma das principais dificuldades de adaptação a escola. A explicação para isso

---

[21] JONES, W. *et al.* II. Hipersociabilidade na Síndrome de Williams. *J Cogn Neurosci*, 12 Suppl 1, p. 30-46, 2000.

é que, segundo Artigas-Pallarés *apud* Hayashiuchi,[22] "em relação ao fenótipo comportamental estudos realizados em crianças a partir dos cinco anos de idade relatam dificuldades comportamentais que interferem consideravelmente na sua adaptação psicossocial aos ambientes familiares, sociais e escolares".

Na literatura[23] há relatos de casos clínicos com uma coexistência de SW e autismo, no entanto, não é possível estimar ainda essa prevalência com segurança. São descritas características da síndrome em comum com o autismo, como os prejuízos na pragmática, problemas de ansiedade e atenção, seletividade para comer, distúrbio do sono, déficit de habilidades sociais, movimentos estereotipados e fala repetitiva.

Para mim, como mãe, esse não é somente um estudo de reconsideração do fenótipo da Síndrome de Williams, é a descrição do Enzo. Fica aqui duas dicas para os pais/responsáveis: a primeira: não hesitem em perguntar aos especialistas. Talvez eles não tenham algumas respostas, mas, às vezes, um detalhe pode fazer a diferença. Devido a minha "dedução", fui descobrir anos depois que estava completamente errada e ao começar a ler sobre o tema, entendi e consegui auxiliar o Enzo melhor em muitas questões. A segunda: leiam e leiam muito. De acordo com Almeida (2014),[24] há ainda muito mais para ser discutido sobre a coexistência de sintomas de autismo e Síndrome de Williams. Uma melhor compreensão das semelhanças e diferenças entre autismo e SW pode fornecer insights sobre as relações gene-cérebro-comportamento.

---

[22] ARTIGAS-PALLARÉS, J. 2002 *apud* HAYASHIUCHI, A. Y. *et al.* Competências escolares e sociais em crianças e adolescentes com Síndrome de Williams. *Rev. Bras. Educ. Espec.*, Marília, v. 18, n. 3, p. 375-390, set. 2012. p. 376.

[23] TORDJMAN S. *et al.* Autistic Disorder in Patients with Williams-Beuren Syndrome: A Reconsideration of the Williams-Beuren Syndrome Phenotype. *Plos One*, v. 7, n. 3, p. e30778, 2012.

[24] ALMEIDA, F. N. *Síndrome de Williams:* o oposto do autismo? Laboratório de Neuropsicologia do Desenvolvimento (LND). 31 de maio de 2014. Disponível em: https://lndufmg.wordpress.com/2014/05/31/865. Acesso em: 15 ago. 2020.

2

OLHAR DE EDUCADORA...

Não sabendo que era impossível, ele foi lá e fez...

(Jean Cocteau)

Nestes tempos modernos, em que tudo é tão rápido e passageiro, Enzo me surpreende por ter o seu tempo e lembrar-se de detalhes significantes, os quais ninguém se preocuparia em lembrar. Ele tem o seu ritmo, é capaz de fazer certas coisas, mas com um pouco mais de calma, no tempo dele. Ele vai lá e faz, tudo certo! A Natureza exemplifica esta lição: a lagarta precisa do seu tempo para se transformar em borboleta, a semente precisa do seu tempo para germinar e se transformar em flor... Tudo ao seu tempo... E entender isso é essencial no caso da Síndrome de Williams.

Após ter o diagnóstico, o geneticista explicou que a estimulação precoce seria primordial. Confesso que como arte educadora, senti-me confiante. Realizava várias atividades com música, teatro, dança, artes visuais, jogos pedagógicos e brincadeiras, além de ter matriculado Enzo na Educação Infantil, iniciando na creche (2 a 3 anos) e depois na pré-escola (4 a 5 anos), com o objetivo do desenvolvimento integral dele, não apenas o cognitivo, mas também o físico e o socioemocional.

Ao observar o desenvolvimento do Enzo com a estimulação sempre fui convicta de que ele frequentaria a escola regular e tive ainda mais certeza quando ele estava ainda na creche. Mudamo-nos da casa dos meus pais para outro balneário, pois lá tinha um Centro de Educação Infantil ao lado de uma escola especial. Então, em alguns períodos do dia, Enzo ia para a escola especial para as atividades de reabilitação. Não demorou muito e foi consenso com os profissionais envolvidos que Enzo havia regredido em seus avanços! Ele começou a deixar de andar para engatinhar, começou a intensificar a sialorreia (escoamento de saliva para fora da boca), recusa em realizar as atividades, choro excessivo, entre outros. Então ele ficava só na creche e os profissionais iam até ele. Em pouco tempo, houve continuidade no seu desenvolvimento novamente.

De acordo com Guisso,[25] a política de inclusão dos alunos que apresentam alguma deficiência, na rede regular de ensino não se resume somente à presença e permanência física desses alunos na sala de aula. O intuito é revisar concepções, respeitando, aceitando e valorizando as diferenças desses alunos, exigindo e fazendo com que a escola tenha a responsabilidade de criar espaços inclusivos, para que acompanhe os diversos ritmos de aprendizagem dos seus alunos, proporcionando a eles uma educação de qualidade que englobe currículos apropriados para que haja realmente a inclusão. Inclusão é quando se busca, dentro das situações regulares, desenvolver o máximo a capacidade do aluno.

E sabe o que mais faz uma mãe feliz? É saber que o seu filho está bem cuidado, em todos os aspectos, pois se tratando de educação infantil, além do cuidar, é preciso uma boa prática pedagógica. No caso de uma criança de inclusão, é saber que ele é aceito, respeitado e tem os seus direitos preservados, como qualquer outra criança. Acredito que conviver e dialogar com os pares e os diferentes é necessário! (a propósito, isso foi até tema de redação). Inclusão escolar busca promover a integração entre os alunos com desenvolvimento padrão e os que apresentam maneiras diferentes de aprendizado. As crianças aprenderão com as diferenças, sabendo respeitar mais uns aos outros. Essa maneira de pensar e agir muda a cultura educacional e assegura o acesso de todos à educação, para que as crianças possam ser valorizadas e se sintam integradas à sociedade.

Então, iniciamos uma nova fase de nossas vidas e começava ali um trabalho árduo. Até aqui, o foco todo tinha sido em relação aos sinais clínicos, a realização de exames e diagnósticos, a busca por especialistas da área médica. Agora, adentrávamos na esfera educacional, ao mundo das terapias, à busca por equipe multidisciplinar, aos direitos e respaldos legais, intervenções psicoeducacionais e tantas outras temáticas.

---

[25] GUISSO, S. M. Encontro Nacional de Prática de Ensino, ENDIPE. 17, 2014, Fortaleza. A Inclusão de Crianças Deficientes na Escola Regular: o olhar dos professores. Fortaleza: Universidade Estadual do Ceará, UECE, 2014.

Nesse sentido, eu me via dividida, pois, em relação à área médica, eu era leiga, mas na área educacional não. Havia, em mim, a mãe e a educadora. Não sei se em todos os momentos fui uma só, provavelmente não. No começo isso poderia ser até uma barreira, pois, apesar do discurso da interação família-escola, não são todas que desejam verdadeiramente isso, ainda mais quando não estão fazendo seus papéis e, pior, recusam-se a aceitar auxílio.

Ao falar em escola inclusiva não estou me referindo a escolas que "mascaram" um atendimento para fazer média com a sociedade. Estou falando de escolas que sem saber são inclusivas por terem em sua estrutura um recurso que não pode faltar: recursos humanos. Não estou falando de uma escola onde toda a equipe tem formação para o atendimento, mas que tenha, primeiramente, a sensibilidade em se colocar no lugar do outro. O professor ainda é a peça-chave no processo de inclusão, mas vai além da necessidade de ser um profissional capacitado e bem preparado, é preciso ser sensível ao processo como um todo.

Uma das minhas áreas de atuação é a formação docente continuada, então sempre foi natural para mim estar disposta a auxiliar, a responder as dúvidas, a mediar com a equipe multidisciplinar e mesmo não sendo uma "especialista" em SW, estava sempre disposta a aprender. Tenho certeza de que foram muitas experiências bem-sucedidas. Prova disso é que a maioria das professoras, diretoras e demais profissionais acabaram se tornando minhas amigas pessoais, até hoje.

Portanto, fica aqui uma dica para os profissionais da educação: escutem tanto os pais/responsáveis como a criança que tem necessidades educacionais especiais. A bagagem de conhecimento que eles têm não é encontrada em nenhum outro lugar e faz muita diferença. Além disso, os sentimentos e expectativas dos principais envolvidos com a inclusão não podem ser deixados à parte. Divergências nas expectativas no processo de inclusão podem atrapalhar a inclusão plena e efetiva, é importante que se abra espaço para ouvir os principais envolvidos.

Havia, porém, outra barreira a se transpor: no caso do Enzo, como ele era muito carismático e comunicativo não viam, inicialmente, nada de "diferente" nele, e mesmo eu chegando com os laudos e diagnósticos para facilitar a adaptação dele à escola e vice-versa, muitas vezes me senti ignorada. Mesmo quando as dificuldades começavam a surgir, algumas vezes, por ser a mãe, o que eu falava não valia.

Verdade seja dita: nas escolas que souberam aproveitar meu lado mãe e educadora, todos se beneficiaram: a escola, por ter respaldo e realizar um trabalho de excelência, com uma prática pedagógica inclusiva; eu, por ter tranquilidade em ver as necessidades educacionais do meu filho atendidas e, o principal, o Enzo, por ter uma aprendizagem significativa e desenvolver uma imagem positiva de si, atuando de forma cada vez mais independente, com confiança em suas capacidades e percepção de suas limitações.

A primeira situação com a qual me deparei ao pesquisar sobre a síndrome foi justamente a de encontrar casos de adultos com SW que não conseguiram se alfabetizar. Isso doeu na época. Talvez, tenha sido a força motivadora para estimular Enzo. Por volta dos três anos e meio, Enzo já sabia todas as letras do nome, identificava-as e relacionava-as. Sabia também as vogais, falava palavras com essas iniciais e se interessava em fazer o mesmo com as consoantes. Também melhorava gradativamente na psicomotricidade fina e, portanto, conseguia registrar, como uma criança de 3 anos, é claro. Uma mãe de uma criança especial sabe do que estou falando, pois cada risquinho tem um significado que vai além do poder de compreensão de uma pessoa comum.

Eu comparo Enzo a uma Caixinha Mágica: dali saem tantas histórias fabulosas, situações surpreendentes, sorrisos aos montes, simpatia exagerada, olhares afetuosos, abraços apertados, respostas engraçadas e sinceras. Tagarela o tempo inteiro, é verdade. Às vezes, é preciso muita paciência, pois também é teimoso, mas mesmo depois de uma bronca, logo retoma seu jeitinho meigo, como se tivesse se esquecido da mágoa das chamadas de atenção. Um coração generoso para perdoar. Seus olhos cativam. Seus braços estão sempre pedindo

soufadoENZO.com

um abraço e quase todos os dias, desde muito pequeno, ele repete: "Hoje é o melhor dia de todos!".

Cientistas do Instituto Salk para Estudos Biológicos, nos Estados Unidos,[26] descobriram que o hormônio ocitocina tem um papel essencial no desenvolvimento da Síndrome de Williams. Os pesquisadores descobriram que as pessoas com SW têm muito mais oxitocina do que o resto de nós, e como resultado eles sentem um impulso biológico de amar o tempo todo. A descoberta, publicada na revista *Plos One*, pode ajudar no entendimento dos sistemas emocionais e comportamentais humanos e levar a novos tratamentos para doenças devastadoras como o transtorno pós-traumático.

Portanto, quem tem Síndrome de Williams tem um excesso de oxitocina, também conhecido como "hormônio do amor" e, como consequência, ama incondicionalmente todo mundo.[27] Será que ao invés de uma condição médica não seria essa síndrome um privilégio?

2.1 TENTEI MORAR DE FRENTE PARA O MAR

Litoral do Paraná. Tentei morar de frente para o mar.[28] Difícil encontrar um bom imóvel. Tudo caro ou afastado demais. Mais difícil que encontrar uma casa foi encontrar uma escola para meu filho. Ele é uma criança especial. Escolinhas não querem especiais por perto. A inclusão não é fácil, lidar com as expectativas muito menos, mas o amor, este não vê limites...

Após a Educação Infantil, em que fomos muito bem atendidos, diga-se de passagem, pela rede municipal dos Centros Municipais de Educação Infantil (CMEIs) de Pontal do Paraná, a necessidade de uma escola integral no 1º ano fez as possibilidades resultarem em

---

[26] Serviço de Genética Médica/Hupes UFBA. 24 de junho de 2012.

[27] ROMANZOTI, N. 17 de julho de 2017. *Esta rara síndrome faz você amar todo mundo*. Disponível em: https://hypescience.com/esta-rara-sindrome-faz-voce-amar-todo-mundo-e-isso-e-um-problema. Acesso em: 15 ago. 2020.

[28] Adaptações do texto "Deficientes discriminados de Diogo Mainardi". 06 de dezembro de 2003.

uma única opção, na rede particular, ou seja, com mensalidade. E só em Paranaguá, município vizinho, aproximadamente 25 quilômetros.

Em uma visita ao que parecia ser a opção, a infraestrutura já condenava a escola por si só: uma casa adaptada da forma mais antipedagógica que eu já tinha visto. E ao perguntar sobre inclusão, o olhar de desconfiança, de falta de preparo e da conversa de que talvez o ideal não fosse matriculá-lo ali. Você pode achar que não é problema seu. Engana-se. É em escolinhas como essas que seus filhos estão estudando. Aprendem o preconceito desde cedo. Aprendem a afastar quem parece diferente deles.

Na então única opção, o ledo engano de ter encontrado uma equipe receptiva e uma infraestrutura adequada: laboratório de informática (paixão do Enzo desde a mais tenra idade), aulas extracurriculares de música, futsal, um bom parque, atividades de recreação, material de alfabetização adaptado se preciso, enfim, não parecia uma ótima solução? Pois é, não demorou muito para ter a decepção: não era a opção menos pior, era uma das piores.

Primeiro, a tal de recreação em um dos turnos parecia não existir. No início, uma mistura coletiva de crianças de todas as idades em uma única sala, de cara não deu certo. Imagine uma criança como Enzo, com SW, com hiperacusia, em um berçário com vários bebês chorando. Inclua, ainda, atividades que não causavam interesse para uma criança com quadro de hiperatividade e déficit de atenção e crianças entre 2 e 3 anos na fase de morder. Não demorou e uma atitude coerente foi tomada (com insistência), a de separar os menores dos maiores. Até concordo em métodos que possibilitem essas convivências, mas desde que a equipe seja preparada e as atividades muito bem selecionadas. Não era o caso. Segundo, não fechou uma turma de informática, o laboratório ficava lá, de enfeite. A musicalização também não. Ou seja, ficou o futsal, e como o Enzo faz o estilo "intelectual", apenas duas aulas e alguns chutes a gol malsucedidos resultaram em pânico e choro. Adeus atividades diferenciadas.

Para piorar, descobri que a professora da turma do 1º ano sequer era formada, era estudante do 3º ano de Pedagogia. Não tinha domínio nenhum da turma. Nunca a vi dando um abraço no meu filho, afetividade não era uma de suas características. Enzo, que sempre se destacou com suas histórias, canções, capacidade de comunicação, entre outras potencialidades, passou a ser um problema. Uma sucessão de "acidentes" acontecia. Dava-me calafrios chegar ao portão para buscá-lo, ouvir seu nome e ver que ele não vinha. Lá ia eu para a sala da direção e lá estava ele sendo atendido. Trauma bucal, joelhos roxos, arranhões, mordidas... Tudo acontecia com ele, parecia que não havia adulto por perto.

Aí, vieram os surtos. Enzo ficava nervoso em sala e se autoagredia. Chorava. A então "professora", apesar de todos os laudos (os quais ela sequer deve ter lido), relato dos acompanhamentos, entre todo o auxílio realizado na tentativa de inclusão, comete o absurdo de escrever na agenda que procurasse um analista porque Enzo comprometia a "integridade física" das outras crianças. Devolviam-me ele ao final do dia machucado, mas ele era quem comprometia.

Tão óbvio quanto um mais um são dois, o ambiente em que estamos inseridos influencia no nosso comportamento (será que essa escola já tinha ouvido falar de Vygotsky?[29]) e toda ação resulta em reação. Eu tentava correr contra o tempo, mas não tinha outra opção em vista, frequentar a escola é obrigatório e eu não tinha com quem deixá-lo. Trabalhava oito horas ou mais numa instituição de ensino e o meu filho tendo o pior atendimento possível.

A escola atestou sua incompetência quando, após "nos convidar a nos retirar" de uma maneira muito cínica, dizendo que eu não estava satisfeita, começou a reclamar de tudo que Enzo fazia. Questionaram até o fato do porquê ele não estar em uma escola especial. Ora, porque ele não precisava de escola especial! Eu, a mãe, era tratada como uma ignorante, e após tanto ouvir a palavra Apae[30] por parte da diretora, mesmo anos antes, já ter ido lá conversar sobre

---

[29] Lev Semyonovich Vygotsky foi um psicólogo, proponente da Psicologia Cultural-Histórica. Foi pioneiro no conceito de que o desenvolvimento intelectual das crianças ocorre em função das interações sociais e condições de vida.

[30] Associação de Pais e Amigos dos Excepcionais (Apae) é uma associação em que, além de pais e amigos dos excepcionais, toda a comunidade se une para prevenir e tratar a deficiência e promover o bem-estar e desenvolvimento da pessoa com deficiência.

o diagnóstico e possibilidades e ter sido orientada a colocá-lo em escola regular, pedi uma nova avaliação. Fizemos toda a trajetória de anamnese, estudo de caso, enfim, e o resultado não podia ser outro, senão o já esperado: Enzo deveria frequentar escola regular, SIM! Sugeriu-se natação (o que ele já fazia), mas o ápice do parecer foi: MUDAR DE ESCOLA! Sabe aquela máxima: eu sabia que tinha razão, parte 2? Intuição materna não falha!

Uma "leoa" despertou em mim. Se a hemorragia do Enzo no hospital após a cirurgia anos antes foi o divisor de águas para a pessoa e a mulher Luciana, essa situação foi o mesmo para a mãe e a cidadã Luciana. Eu me prometi nunca mais aceitar calada tal situação. Eu jamais aceitaria o preconceito. Eu defenderia todos os direitos que meu filho tem. Claro que, a essa altura, já havia feito uma denúncia junto ao Núcleo Regional de Educação, que estava a par do caso, apoiando-me. Um processo era inevitável, era questão de tempo.

Entretanto, uma das consequências desses meses de estresse foi o comprometimento de minha imunidade, provocando uma intensa inflamação. Após quinze dias tomando injeções de três em três horas para controle da febre e uma dor insuportável, apelei para o pediatra do meu filho para me consultar, pois já tinha ido à emergência dos hospitais da região várias vezes e ninguém diagnosticava o que eu tinha. Foi ele quem detectou que eu estava com uma grave obstrução de uma ou mais glândulas, provocando infecção por acúmulo de material séptico em seu interior, e me encaminhou a um colega cirurgião. Fiz uma cirurgia de emergência em um hospital que não tinha boas referências. As sequelas da demora no diagnóstico e da intervenção médica resultaram em outra complicação ainda pior, anos mais tarde. Foi tudo tão traumático que a memória se recusa a relembrar os detalhes, mas eu me lembro de ter tido muito medo de morrer, a ponto de consultar minha advogada sobre deixar um testamento. Nesse tempo, a última coisa em que eu pensava era em processar aquela escola, eu só queria sobreviver e deixar tudo isso para trás.

Ter um filho especial não é nenhum drama, nenhum peso, nenhum problema. Basta que os outros não perturbem. Os pais de crianças especiais não querem favores nem comiseração. Pelo contrário: sentem um orgulho desmesurado de seus filhos. O que eles querem é que as crianças tenham a oportunidade de conviver com outras crianças. Nada de muito complicado.

Infelizmente, a sociedade como um todo não está preparada para incluir quem não corresponde às suas expectativas ou é diferente do padrão imposto. O maior entrave para o crescimento do país é a nossa infinita ignorância. Pior é a falta de sensibilidade do ser humano. Para a ignorância, o antídoto é o conhecimento, e para a insensibilidade, eu não sei.

Eu lamento que meu filho tenha pagado um preço alto para mobilizar toda uma rede de pessoas a repensar a questão da inclusão. Mas foi necessário, não foi em vão.

Desisti de ter um apartamento de frente para o mar, optei por recomeçar em outro lugar, mas espero que, um dia, todos tenham o direito respeitado de ter uma escola e, quem sabe, de ter um apartamento de frente para o mar...

2.2 DA PRAIA PARA O CAMPO: MAIS UM RECOMEÇO

Depois de todo o ocorrido não queria mudar só de escola, resolvi mudar de cidade, em busca de atendimento educacional e médicos melhores. Uma escolha difícil, pois eu me mudaria de local de trabalho (apesar de que sendo da rede federal, isso se resolvia pedindo remoção para outro campus) e de casa, mas, com certeza, a distância dos meus pais era a mais dolorida. Enzo era acostumado com os avós, pois moramos o primeiro ano com eles e depois muito próximos, mas precisávamos seguir adiante. Se comparada a uma viagem, a vida é cheia de embarques e desembarques, então a praia não seria mais nosso porto seguro; ficaria, sim, como nosso segundo lar, local onde fizemos muitos amigos.

Nosso próximo endereço seria uma cidade na região metropolitana de Curitiba. Também uma cidade "pequena", com menos pessoas, menos trânsito, menos barulho (o que influenciou minha escolha em relação à capital, já que eram próximas), com influência dos imigrantes italianos e poloneses, facilmente identificável, seja na arquitetura, na culinária e nos costumes (nos sentíamos em casa), com áreas rurais (a qualidade de vida começa com uma alimentação mais saudável), com um campus da minha instituição sendo implantado (e eu poderia contribuir, pois tinha passado por esse processo no anterior) e, com certeza, dois em especial: o fato de que eu conhecia a cidade desde a adolescência, por passar muito tempo na casa de minha amiga Ariane, e sabia que estaria amparada, pois são minha família do coração. E não foi diferente.

Tínhamos filhos na mesma idade na época (melhor amigo do Enzo) e muitas experiências parecidas. Foi ela quem comentou comigo que abriria o Centro Educacional Municipal de Atendimento Especializado (Cemae) no município, e isso foi decisivo, pois, nele, Enzo poderia ter os atendimentos de psicologia, fonoaudiologia, fisioterapia, entre outros. Era a realização de um "sonho", uma equipe multidisciplinar!

O sonho se realizou. Em setembro de 2011 estávamos na nossa nova casa, eu no meu novo campus, Enzo no 1º ano do ensino fundamental I. O período que ele frequentou o Cemae contribuiu muito para o seu desenvolvimento e superação de dificuldades. Alternamos entre escolas municipal e particular e, depois, estadual. Nem sempre por motivos pacíficos, leia-se: sim, tivemos problemas na questão da inclusão escolar. Tivemos uma única experiência com tutora em sala. Uma estudante em formação de nível de segundo grau, sem experiência, uma turma com muitos alunos, despreparo da coordenação pedagógica, entre outros, resultaram num desastre!

Porém, com certeza, Enzo também teve três dos seus melhores anos escolares, em uma escola particular, local que, se pudesse, estaria até hoje. Na época, Enzo se formou no 5º ano e a escola ainda não tinha implantado o fundamental II, então tivemos que mudar no 6º ano. Uma escola bilingue que se dedicou muito em adaptar os conteúdos e materiais para ele, mas o que mais se destacava era a sensibilidade dos profissionais. Com a facilidade na língua inglesa, soufádoENZO.com

Enzo só ampliou seu tema de hiperfoco, que é o interesse especial que ele tem por culturas, países e idiomas. Como legado, tornou-se autodidata em línguas, estudando espanhol, italiano, francês, alemão e algumas mais exóticas, como mandarim, japonês e outros dialetos, em especial de países asiáticos. Essa escola organiza anualmente uma Festa das Nações, nas quais Enzo se realizava. Ele teve a oportunidade de representar o Chile, a França e a Grécia. Atualmente, nós vamos de convidados, pois nós saímos da escola, mas a escola não saiu de nós.

2.3 ATIVIDADE DO ENZO E ORIENTAÇÕES ESCOLARES

Sempre busquei o diálogo com as escolas e um estreito relacionamento. Enzo sempre frequentou escola regular, e em alguns períodos realizou atendimentos com especialistas variados no contraturno, ou com equipe multidisciplinar quando no mesmo local. Uma dessas especialidades foi a de reabilitação visual com a reeducação visual, por volta dos 5 anos até aproximadamente os 10, tanto em casa, com as orientações da oftalmologista, especialista em serviço de visão subnormal, como no Centro Regional de Atendimento Integrado ao Deficiente (CRAIS) – Centro de Estimulação Visual, em Curitiba, e no Centro Municipal de Atendimento Especializado (Cemae), em Campo Largo.

Também frequentou aulas de natação, tentou judô e karatê (mas esportes de contato não são para ele), aula de violão (apesar do amor pela música, acho que por ser muito novo e pelo TDHA, não tinha muita paciência. Verdade seja dita, o professor também não tinha didática, mas pretendo dar continuidade futuramente), participou de teatro no grupo que eu coordenava, e costumo realizar muitas atividades com ele, em casa, ou com passeios em parques, museus, aquários, bibliotecas, entre outros. Com certeza, o que ele mais gosta é viajar, quer conhecer o mundo inteiro!

Dentre os transtornos específicos de aprendizagem, Enzo apresenta a discalculia, que é a dificuldade para entender a quantidade das coisas, ou seja, o transtorno caracteriza a baixa capacidade em conceitos matemáticos, pois provoca interferência na aprendizagem de tudo que está relacionado a números, como: realizar operações, entender conceitos e aplicações, bem como a disgrafia motora (discaligrafia), na qual ele consegue falar e ler, mas encontra dificuldades na coordenação motora fina para escrever as letras, palavras e números, ou seja, ele vê a figura gráfica, mas não consegue fazer corretamente os movimentos para escrever, por isso a disgrafia, de difícil compreensão, escrevendo somente em caixa alta.

É importante diferenciar o transtorno de aprendizagem da dificuldade de aprendizagem, pois enquanto a dificuldade de aprendizagem é uma condição passageira que acontece quando influências do mundo externo dificultam o processo de aprendizagem, em que diversos fatores podem causar dificuldades de aprendizagem, tais como questões emocionais, problemas familiares, alimentação inadequada e um ambiente desfavorável, o transtorno de aprendizagem é uma condição neurológica que afeta a aprendizagem e o processamento de informações. Diferente da dificuldade de aprendizagem, o transtorno de aprendizagem é permanente.

É importante a escola ter esse entendimento, pois não adianta chamar a mãe para perguntar se "está acontecendo alguma coisa em casa" quando se refere a uma criança com transtorno de aprendizagem. Passei por muitas situações dessas, em que a escola não preparada tentava jogar a responsabilidade para a família. Enzo "não querer copiar o conteúdo" não significava que ele estava com problemas emocionais em casa, é que, devido ao transtorno da disgrafia, óbvio, ele tem dificuldade em realizar cópias. Ele não consegue produzir uma escrita culturalmente aceitável e isso acaba interferindo em toda a sua produção e aproveitamento acadêmico, por isso a necessidade de intervenções e adaptações.

A partir das considerações acerca das dificuldades segundo o laudo neurológico e a avaliação psicoeducacional do Enzo, ao longo da sua vida escolar, junto à psicopedagoga e à psicóloga, fomos observando algumas necessidades de adaptações, flexibilização escolar e orientações escolares, muitas vezes repassadas por mim, ou diretamente pelas profissionais. Nem sempre as escolas corresponderam e, obviamente, as que se envolviam e buscavam se aperfeiçoar foram onde mais o Enzo teve êxito. Entre as orientações elaboradas para o Enzo, podemos citar:

Tabela 2 – Orientações escolares para Enzo

Favorecer adequadamente a interação e a comunicação entre professor e aluno, criando um vínculo de confiança e afetividade. O canal de aprendizagem mais favorável é o afetivo.

Mostrar ao aluno atitude de apoio frente à dificuldade apresentada.

Posicionar o aluno de modo que fique próximo ao professor, para que possa receber as informações de maneira clara, facilitando a compreensão, evitando que se disperse com estímulos externos.

Estimular o aluno a manter a motivação no processo de aprendizagem durante as aulas. Se o perceber distraído, chamar a sua atenção sem ser acusativo.

A cópia não é uma atividade significativa para o desenvolvimento cognitivo. O importante, no contexto do aluno, seria o desenvolvimento das habilidades cognitivas em detrimento da motora.

Devido à dificuldade relacionada à cópia da matéria no quadro, oferecer fotocópias para que o aluno possa anexar de maneira adequada o conteúdo no caderno.

Caso seja difícil a compreensão da grafia, permitir que o aluno utilize o computador para realizar registros e expressar suas ideias. Pode-se permitir o tipo de letra caixa alta nos registros.

Nas dificuldades para realizar cálculos mais abstratos, permitir o uso da calculadora.

Oferecer o acompanhamento de um profissional auxiliar de acordo com as necessidades e especificidades (leitura e compreensão de textos e compreensão de situações problema, auxílio na elaboração de respostas e textos).

As provas devem ser realizadas no início das aulas, seno uma prova por dia, adaptando de acordo com os objetivos, conteúdos e atividades selecionadas para atender as especificidades do aluno e, se necessário, oferecendo um ambiente diferenciado para a realização das provas (em separado). Na sala de aula existem elementos distraidores, facilitando a dispersão.

Quanto à produção textual e às respostas incompletas, orientar durante as atividades em sala.

Mostrar exemplos de textos e respostas completas e orientar como devem ser as suas, solicitando ao aluno responsabilidade em relação ao seu processo de aprendizagem. Nesse contexto, pode-se solicitar respostas orais, auxiliando-o na articulação e elaboração do pensamento.

Estimular o aluno a tomar nota dos pontos mais importantes de cada conteúdo, com anotações coloridas e lembretes para ajudar na memorização.

Devido às dificuldades específicas, oferecer ao aluno cópias prontas do texto.

Enquanto os demais alunos realizam a cópia do texto ou a atividade, o aluno pode realizar a sua leitura e análise.

A repetição é um forte aliado na busca pelo melhor desempenho do aluno.

Favorecer ao aluno apoio necessário para a aprendizagem (vídeos, documentários, imagens e diversos materiais concretos).

Construir com o aluno fichinhas de apoio dos conteúdos desenvolvidos, com os conceitos de diversas disciplinas, processos de resolução, entre outros. Essas fichinhas de apoio funcionam como recurso para estimular a memória operacional, proporcionando o uso delas constantemente.

Apresentar de maneira clara e objetiva as informações, se necessário oferecer exemplos, de modo que compreenda a consigna e elabore constantemente o retorno da informação solicitada.

Sempre estruturar um conceito para se avançar a conceitos complexos. Utilizar como metodologia também a repetição para proporcionar a fixação do conteúdo na memória de longa duração.

Estimular: escrita (pensamento de análise e síntese, relação parte e o todo, estrutura linguística, compreensão verbal), leitura (conceituação, simbolização e associação de ideias), matemática (relação parte com o todo, reversibilidade de pensamento, memorização e abstração, sequência e raciocínio lógico).

Promover atividades alternativas para que o aluno expresse suas ideias e conhecimentos, construção de cartazes, maquetes, entre outros.

Prezar sempre pela qualidade, não pela quantidade de atividades e produções. Nesse sentido, é mais adequado que o aluno realize menos atividades, mas atividades significativas, que atendam à sua especificidade.

Fonte: adaptado dos laudos neurológicos e psicoeducacionais (a autora)

É preciso que os pais/responsáveis entendam que não estamos pedindo um favor para os nossos filhos. Eles têm direito a educação e nós somos os responsáveis por reivindicar isso para eles. A partir da década de 80, um novo paradigma emerge, que é o da inclusão escolar.[31] Isso significa ter os direitos como cidadãos, entre os quais os de terem acesso aos serviços e benefícios concernentes a todas as demais pessoas, inclusive educacionais. Pressupõe uma ampla abertura na escola para atender a todos os educandos, em sala regular, respeitando as suas diferenças e atendendo às suas necessidades individuais, sem segregação, com atendimento educativo separado, como era feito nos anos 60. Nós estamos no ano de 2020 e ainda vemos muitas coisas só na teoria!

Tabela 3 – Histórico da Legislação da Inclusão no Brasil

Lei	Ano	Descrição
Lei n.º 4.024 **Lei de Diretrizes e Bases da Educação Nacional (LDBEN)**	1961	Fundamentava o atendimento educacional às pessoas com deficiência, chamadas no texto de "excepcionais" (atualmente, esse termo está em desacordo com os direitos fundamentais das pessoas com deficiência).
Lei n.º 5.692 **Lei de Diretrizes e Bases da Educação Nacional (LDBEN)**	1971	Segunda Lei de Diretrizes e Bases Educacionais do Brasil foi feita na época da ditadura militar (1964-1985) e substituiu a anterior. A lei não promovia a inclusão na rede regular, determinando a escola especial como destino certo para essas crianças.
Constituição Federal	1988	O artigo 208, que trata da Educação Básica obrigatória e gratuita dos 4 aos 17 anos, afirma que é dever do Estado garantir "atendimento educacional especializado aos portadores de deficiência, preferencialmente na rede regular de ensino".
Lei n.º 7.853	1989	Obriga a inserção de escolas especiais, privadas e públicas no sistema educacional e a oferta, obrigatória e gratuita, da Educação Especial em estabelecimento público de ensino.

---

[31] MARTINS, L. DE A. R. A diferença/deficiência sob uma ótica histórica. Revista Educação em Questão, v. 9, n. 2, p. 126-141, 15 jun. 1999. Disponível em: https://periodicos.ufrn.br/educacaoemquestao/article/view/9953. Data de acesso: 26 de ago. de 2020.

Lei n.º 8.069 Estatuto da Criança e do Adolescente	1990	Garante, entre outras coisas, o atendimento educacional especializado às crianças com deficiência preferencialmente na rede regular de ensino.
Política Nacional de Educação Especial	1994	Propõe a chamada "integração instrucional", um processo que permite que ingressem em classes regulares de ensino apenas as crianças com deficiência que possuem condições de acompanhar e desenvolver as atividades curriculares programadas do ensino comum.
Lei n.º 9.394 Lei de Diretrizes e Bases da Educação (LDB)	1996	Afirma que "o atendimento educacional será feito em classes, escolas ou serviços especializados, sempre que, em função das condições específicas dos alunos, não for possível a integração nas classes comuns de ensino regular".
Decreto n.º 3.298	1999	O objetivo principal é assegurar a plena integração da pessoa com deficiência no "contexto socioeconômico e cultural" do país.
Lei n.º 10.172 Plano Nacional de Educação (PNE)	2001	Apresenta metas e objetivos para as crianças e jovens com deficiência.
Resolução CNE/CEB n.º 2 Diretrizes Nacionais para a Educação Especial na Educação Básica	2001	Afirma que "os sistemas de ensino devem matricular todos os alunos, cabendo às escolas organizar-se para o atendimento aos educandos com necessidades educacionais especiais, assegurando as condições necessárias para uma Educação de qualidade para todos".
Lei n.º 10.436/02	2002	Reconhece como meio legal de comunicação e expressão a Língua Brasileira de Sinais (Libras).
Plano Nacional de Educação em Direitos Humanos	2006	Entre as metas está a inclusão de temas relacionados às pessoas com deficiência nos currículos das escolas.
Plano de Desenvolvimento da Educação (PDE)	2007	Trabalha com a questão da infraestrutura das escolas, abordando a acessibilidade das edificações escolares, da formação docente e das salas de recursos multifuncionais.

Política Nacional de Educação Especial na Perspectiva da Educação Inclusiva	2008	Documento que traça o histórico do processo de inclusão escolar no Brasil para embasar "políticas públicas promotoras de uma Educação de qualidade para todos os alunos".
Decreto n.º 6.571	2008	Dispõe sobre o Atendimento Educacional Especializado (AEE) na Educação Básica.
Lei nº 12.764	2012	Institui a Política Nacional de Proteção dos Direitos da Pessoa com Transtorno do Espectro Autista.

Fonte: adaptado de Todos pela Educação

Ainda no que se refere à questão da legislação, gostaria de reforçar que, para uma mãe, é quase impossível conciliar trabalho e atender em tudo que uma criança com necessidades educacionais especiais necessita. Alguns estados têm previsto para seus servidores a redução de carga horária prevista. No meu caso, como servidora federal, nos primeiros anos eu tinha a previsão de compensação de jornada de trabalho, ou seja, eu me ausentava para levá-lo às terapias, mas tinha que repor as horas depois, o que levava a um número elevado de horas de trabalho, muitas vezes tendo que levar Enzo comigo para o trabalho no período noturno, o que não fazia sentido nenhum. Além da minha exaustão física, havia a emocional, pois virava uma verdadeira "bola de neve".

Em 12 de dezembro, a Lei nº 13.370/2016 (também conhecida por "lei Romário"), foi sancionada, respeitando o princípio da dignidade humana e reconhecendo a necessidade de integração social das pessoas com deficiência que dependem de terceiros, na qual os servidores públicos federais que têm filho, cônjuge ou dependente com qualquer tipo de deficiência passaram a ter direito a horário especial, sem redução salarial ou necessidade de compensação de horas.

Em 2017, após passar por uma rigorosa avaliação por junta médica especializada, eu consegui esse benefício, podendo dar um melhor acompanhamento ao Enzo, o que, com certeza, vai refletir no futuro dele. Uma grande vitória para as pessoas com deficiência e seus familiares da administração pública, que se entendida e aplicada aos demais seria ainda melhor. Fico na torcida!

3
OLHARES PARA ENZO...

*Amigo é aquele com o qual se pode compartilhar o
silêncio... como se partilha a palavra.*

(Clarice Lispector)

Fato é que nessa dinâmica de mudanças, de casa, cidade e escolas, eu, que sempre busquei preservar minhas amizades, só as vi aumentar, quantitativa e qualitativamente falando. Isso ocorreu muito pelo Enzo, pois devido a sua incrível capacidade de se destacar por onde passa e fazer amizades facilmente, ele faz com que tenhamos "grupos" de amigos, de diferentes lugares e contextos. É simplesmente maravilhoso. Quantas pessoas caminharam conosco!

Foi analisando isso que, em meio à produção do livro, resolvi criar este capítulo para registrar como as pessoas percebiam o Enzo no contexto em que se inseriam, afinal, só a mãe descrevendo seria muito parcial (rsrs). Também porque isso contribuirá para desmistificar a "deficiência", afinal de contas, houve vezes em que imaginei como as pessoas ou profissionais, em especial da educação, imaginavam-no quando ficavam sabendo que ele tinha uma síndrome, um diagnóstico e era de inclusão. Será que seria o mesmo olhar, antes e depois de ter acesso às informações contidas neste livro? Creio que não! Então não é só por ele, é por todos! A falta de informação pode ser a raiz do preconceito. É preciso ter tanto uma visão sistêmica do assunto, ou seja, formada a partir do conhecimento do conceito e das características, como holística, observando ou analisando de forma global, ou seja, como um todo e não de maneira fragmentada.

Claro que tivemos um desafio enorme, por pura limitação de caracteres: fazer uma lista com algumas pessoas. Enzo fez questão de participar de todo o processo. Gravamos um vídeo e elaboramos um pequeno texto para enviar e aguardamos o aceite do "convite-intimação", o que também colaborou para um pequeno atraso no material, pois dependíamos disso para concluir.

Verdade seja dita, o que também atrasou foi que eu não tinha ideia de que viriam tantos relatos emocionantes e que muitos se estendiam a mim. Eu não estava psicologicamente preparada! Como se não bastasse toda a emoção envolvida em relembrar tudo em detalhes, reler laudos, revisar fotografias, enfim, ao receber os relatos recebemos tanto carinho, em pleno período de isolamento social que a pandemia nos impôs, que foi necessário um tempo de processamento disto: algumas vezes tentei começar a ler para registrar e simplesmente não conseguia parar de chorar; outras vezes, eu nem começar conseguia!

A memória, agradecida pelo caminho percorrido, faz olhar para trás e dizer: "Valeu a pena!". O que vivemos não foi apenas uma sucessão de dias e fatos. Quando tomamos distância para contemplar o caminho pudemos ver alguns fios condutores. O que aconteceu de mais importante foram as pessoas com as quais con(vivemos). Apresentamos alguns desses queridos(as) amigo(as) e seus afetuosos olhares...

Enzo por Adriane de Paula Xavier
(pedagoga/psicopedagoga/neuropsicóloga escolar)

Falar do Enzo é uma grande alegria. Enzo é a essência da alegria, do amor sincero e verdadeiro. Da boa conversa, do fazer amigos, descobrir e viver o lado bom da vida, mesmo que as coisas não pareçam tão fácil assim, como realmente não são. Ao conhecê-lo, um universo de conhecimentos e sentimentos fez parte da minha vida pessoal e profissional. Como profissional, deparei-me com a palavra "síndrome" e com todos os aspectos relevantes a ela, com todos os anseios, incertezas que um laudo nos impõe. Juntos, fomos compreendendo, desvendando e superando as "profecias limitantes e determinantes". Juntos, experimentamos a sua existência, mas também, à medida que a experimentamos, fomos desvendando suas nuances e, a partir dessa vivência, encontramos formas e estratégias para contorná-las, dia após dia, para, assim, não se tornar um obstáculo em sua vida. Enzo me fez descobrir o quanto o cérebro humano é fantástico e ao mesmo tempo intrigante. O quanto vale o esforço em acreditar que é possível superar as dificuldades, com todas as ferramentas de que dispomos. Ele me fez enxergar que mesmo que o mundo seja insensato com as nossas limitações, mesmo que a inclusão ainda esteja longe de ser o ideal que buscamos, é preciso superar, é preciso viver, é preciso lutar e sonhar por um mundo melhor, onde as diferenças sejam conhecidas, acolhidas, valorizadas e respeitadas. Por isso, sou fã do Enzo! Como toda fã já enfrentei o mundo, já lutei contra opiniões adversas, já perdi o sono, já chorei de alegria e vibrei de emoção ao ver o espetáculo da sua evolução e, como uma verdadeira fã, faria tudo novamente, a cada dia, a cada encontro, em cada reunião, em cada sessão e em cada lanchinho de comemoração. Mas posso testemunhar que não vivi tudo isso sozinha! Ao meu lado sempre esteve uma mãe, uma mãe guerreira e batalhadora, que assim como eu, acreditou e nunca mediu esforços para tornar isso tudo possível!

Enzo por Ana Paula Cavalheiro de Andrade
(docente, ex-colega no IFPR/Campus Campo Largo, atualmente na UFRN)

Imaginar como seria bom se todos pudessem, pelo menos em alguns momentos, olhar o mundo pelos olhos do querido Enzo... Ter um olhar desprovido de julgamentos, um olhar cheio de curiosidade, um olhar cheio de vontade de ajudar, um olhar cheio daquele amor que não pede nada em troca... Esse sentimento é o que mais me encanta em pensar em como o querido Enzo faz tanta diferença nas vidas daqueles que se relacionam com ele. É como eternizar aquele sentimento genuíno que só conseguimos ver na primeira infância, aqueles sentimentos que te fazem olhar para uma criança e pensar: por que perdemos, ao longo da vida, essa leveza, essa espontaneidade? Poder estar com o Enzo me faz refletir em como precisamos dar uma pausa e pensar sobre como é libertador ser mais leve, ser curioso pelas coisas que julgamos ser pequenas, e demonstrar o carinho que está dentro de cada um de nós. Isso sempre me marcou muito no Enzo, a demonstração de carinho. Estou longe do Enzo agora, mas que coisa maravilhosa era receber aquele abraço de urso que ele sempre tinha pra me dar! E não só pra mim, para todos que quisessem receber aquele amor em forma de abraço! Mas é impossível ser fã do Enzo sem ser fã da mãe do Enzo! Uma mãe determinada, corajosa, ávida por proporcionar ao seu filho um porto mais do que seguro. Como está escrito no Salmo 127, "Os filhos são heranças do Senhor", e a Lu tem cuidado dessa herança como o maior legado que Deus lhe concedeu! E nós sabemos que é o seu maior legado!

Enzo por Ana Paula Harger
(advogada de Direito Civil, de Família e Consumidor)

Conheci a história do Enzo e da Luh em 2008 e desde então acompanho os desafios jurídicos, a história e a evolução dessa linda família. Foram altos e baixos, muitos e-mails trocados com indignação pela falta de inclusão escolar e pensão alimentícia, porém, o saldo dessa história é bem positivo. A Luh é uma super mãe, que lutou e luta incansavelmente pelos direitos do Enzo e, principalmente, pela inclusão escolar. Acompanhar a trajetória dessa família foi um presente da vida, uma inspiração para ser uma mãe melhor e uma pessoa melhor. Às vezes, percebo que a Luh não tem ideia do seu poder, garra, determinação e o quanto ilumina a vida das pessoas ao seu redor. Adoro encontrar o Enzo e ver a criança, hoje um menino, doce, educado, comunicativo e sonhador. Sua evolução escolar, suas conquistas, são apenas um reflexo de todo o estímulo e suporte dado por sua mãe. Sou muito grata por ter vocês na minha vida e, principalmente, por ter vivido ao lado da Luh várias lutas. Se todas as crianças no mundo tivessem uma mãe parecida com a Luh, certamente teríamos um mundo com pessoas mais determinadas, lutando por seus direitos e cumprindo seus deveres. Enzo, você é um excelente menino e será um homem lindo. Espero poder continuar ao seu lado nessa trajetória.

soufãdoENZO.com

Enzo por Andrea Matos
(psicóloga, influencer digital)

Olhando para o Enzo, você vê uma alma pura que se mistura com a doçura de um manjar. Menino doce que Deus nos trouxe para com ele festejar cada ano, cada dia, com alegria sempre a sonhar, o mundo de fantasias traz a euforia pra seus sonhos realizar. Menino dono de um beijo molhado, com abraço apertado que traz embrulhado pedaços dobrados de uma história tão linda assim. Momentos inesquecíveis passamos ao lado desse menino tão amado, saboreando pizza de confete, que nos remete às cores da vida, viver e colorir faz parte de tudo pra gente sorrir. Amizade pura que traz ternura diante de uma vida dura que temos que enfrentar. Olhando para o Enzo vemos a simplicidade, pois a felicidade é transmitida no ar. Ah, como é bom olhar pra quem tem tanto a nos ensinar, ficamos maravilhados e até espantados com um coração tão cheio de amor para dar. Olhando a vida com beleza diante da natureza faz refletir por que o Enzo veio a existir... Ah, foi Deus que trouxe um menino tão doce para nossa vida colorir.

Enzo por Ariane Bianco e família
(arte educadora, artista plástica)

Conhecemos o Enzo em um apartamento em Curitiba quando ainda tinha um mês de vida! Desde então nunca mais deixamos de vê-lo. Menino ativo, cheio de vida e de graça! Meus filhos o adoram desde sempre, com seu jeito observador, seu olhar e pensamento atento a tudo! Muitas férias na casa de praia passamos juntos, vivenciamos muitas alegrias, fizemos muitos churrascos na casa do vo e da vú Lidia! Somos gratos a Deus por ter vocês em nossas vidas, fazendo parte da nossa história! Ele se tornou o melhor amigo do Pedro e sempre aprendemos essa lição com Enzo... essa frase que ele diz todos os dias... A frase que sempre emociona a todos nós: Enzo diz: "Hoje é o melhor dia da minha vida". Isso mesmo, Enzo! Todos os dias são os melhores, pois temos que dar graças por estarmos vivos! Te amamos muito, Enzo! Tia Ariane, tio Ura, Igor, Pedro e Manu!

Enzo por Danielle Lourenço Hoepfner
(Pedagoga, escritora, ex-chefia no Expoente)

Uma vez ouvi um ditado que era mais ou menos assim: "Na juventude aprendemos e na maturidade compreendemos". Acho que este ditado fala muito da Lu e do Enzo. Por quase quinze anos, eles aprenderam muito sobre a vida e sobre novas possibilidades e, agora, mais maduros, compreendem que viveram tão lindamente cada dia para, agora, poderem compartilhar tudo isso com o mundo! Muito obrigada por serem essa referência de amor, cumplicidade, resiliência e vitória! Muito obrigada por fazerem história! Muito obrigada pelas histórias que vão se inspirar nas suas histórias!

Vocês são luz! Amo vocês! Dani.

Enzo por Douglas Daronco
(arte educador, "pai-drinho" do Enzo, ex-colega de faculdade/FAP)

Segundo o Google, Enzo significa "senhor do lar", "príncipe do lar", "o que vence", "vencedor". Mas o Google é pequeno para definir nosso Enzo. Um presente que entrou em nossas vidas para mostrar o amor e a pureza de um jeito especial, único. Um enigma sem manual, que a gente vai descobrindo aos poucos, encaixando peças, corrigindo os erros e comemorando os acertos. Uma das lembranças mais marcantes que guardo desse meu "afilhote" é vê-lo caminhando sob o sol, um filhote de leão, raio da manhã – como cantou Caetano. Ali, na praia, entre sorrisos e surpresas, nosso pequeno príncipe, sempre terno e curioso, descobre o mundo e revela todos os nossos preconceitos e limitações. A curiosidade e a ternura cresceram com ele e hoje, já um adolescente, preenche todo o espaço dos meus abraços. Enzo, eu quero estar em seu caminho, seguir seus passos, sentir sua luz. Quero partilhar esse amor que traz consigo, que nutre, que nos dá esperança de seguir adiante, mostrando outros modos de ver e entender a vida. Ah, garoto, temos muito a aprender com você!

soufãdoENZO.com

Enzo por Edilaine Cordeiro Baiek e Família
(pedagoga, colega no IFPR/Campus Campo Largo)

Descrever tudo que o Enzo representa em nossas vidas será uma missão bastante desafiadora. Tantos foram os momentos especiais e únicos na companhia dele que escolher somente um fato será uma tarefa árdua. Ao lado dele nós rimos, nos divertimos, aprendemos e nos emocionamos. Enzo é emoção, é intensidade. É um menino capaz de tornar qualquer momento especial e único. O conhecemos ainda criança e hoje vejo o quanto ele cresceu e amadureceu. Não cresceu somente em tamanho, mas em sabedoria. Seu jeito doce e meigo aquece nossos corações, fazendo brotar o que há de melhor em nós. Um menino apaixonante, forte, sonhador e que transborda amor a todos os que estão ao seu redor. Pureza faz parte da essência desse jovem, que tem muitos planos e muitas conquistas pela frente. Seus sonhos são do tamanho da sua graciosidade. Enzo contagia com sua empolgação! Em janeiro de 2017, fizemos uma maravilhosa e inesquecível viagem para a praia de Imbituba, em Santa Catarina. Além da paisagem exuberante, da companhia incrível da minha amiga-irmã Luciana, João e eu pudemos compartilhar momentos memoráveis e muitas aventuras. Em meio aos registros da nossa viagem encontrei uma foto que me emociona sempre: ele e o João correndo livres à beira-mar. Pergunto-me se haveria momento mais delicioso que poder ver duas crianças brincando livremente, aproveitando toda a pureza da infância. Que eles sejam amigos e parceiros a vida toda! Que essa leveza permaneça eternamente nos corações desses meninos! Ter a presença do Enzo em nossas vidas nos faz ainda mais abençoados! Poder fazer parte da sua história e contar um pouquinho daquilo que ele e a Luciana representam em nossas vidas fez-nos sentirmos extremamente honrados. Desejamos do fundo de nossos corações que este livro seja a realização de mais um sonho na vida de vocês. É uma felicidade imensa tê-los em nossas vidas! Que possamos partilhar da companhia uns dos outros para sempre! Nossa eterna admiração por essa família linda!

Enzo por Eliandro Viana
(pastor da Primeira Igreja Batista de Campo Largo/PIB)

Conheci a Lu e o Enzo há uns três anos, em um domingo de manhã, do qual lembro bem, e após o culto fui cumprimentar as pessoas que estavam visitando a nossa igreja, a PIB CL, e tive a grata satisfação de conhecer a Luciana Milcarek e o Enzo, mãe e filho com um sorriso contagiante, com uma doçura muito peculiar, com um carinho muito especial com a gente naquele primeiro contato. Já foi uma experiência muito inspiradora perceber que o Enzo tinha a Síndrome de Williams, (depois me inteirei mesmo a par, não tinha conhecimento da síndrome, mas numa conversa posterior com a Luciana fui entender melhor), mas a gente via um menino absolutamente normal, com um carinho especial, uma alegria que contagiava a todos e, aos poucos, domingo após domingo, celebração após celebração, programações após programações, a igreja toda foi se apaixonando por eles. O carinho com que Enzo sempre chega, trazendo alegria no culto, cumprimentando todas as pessoas, sempre com um sorriso largo, um sorriso carinhoso, doce, amoroso, um beijo gostoso, acabou contagiou toda a nossa comunidade. A igreja tem um carinho muito grande por eles, e à medida que eles foram se integrando também foram recebendo responsabilidades: a Luciana se tornou parte da liderança da nossa igreja na área artística, na qual ela tem uma especificidade em decorrência da formação, do currículo, da experiência, e se tornou líder do nosso Ministério voltado para artes, já trabalhando na organização e direção de grandes espetáculos que nós apresentamos, e o Enzo sempre parceiro, sempre presente, junto com ela, nas reuniões, nos ensaios, nas oficinas e nas apresentações, sempre trazendo um brilho especial, sempre trazendo uma riqueza especial para nossas programações e nossos espetáculos. A cada dia que passa, Enzo vai amadurecendo. Agora já está um jovenzinho, e ele continua com a mesma ternura. Eu já tive oportunidade de sentar no meu gabinete e conversar com ele, falar sobre esportes, sobre a vida escolar dele, as matérias que ele gosta, ouvir sobre os jogos, o gosto dele pela tecnologia, pela internet. A forma comunicativa que

soufadoENZO.com

ele tem de interagir com as crianças – agora os pré-adolescentes da idade dele –, sempre que posso eu gosto de conversar com ele e ser muito inspirado pela pessoa que ele é. A gente ama muito e temos um carinho, um amor muito especial, pela Luciana e pelo Enzo. Eles são inspiradores e multiplicadores de amor, de esperança e de alegria por onde eles passam e a nossa Igreja tem sido contagiada com este perfume, com esta doçura, com esta alegria que mãe e filho exalam no dia a dia. Para mim é um privilégio e uma alegria poder conviver com eles, compartilhar da jornada com eles e pastoreá-los também, e um prazer participar deste projeto soufadoENZO.com.

Enzo por Família Tonial Iwamoto

Marcio: tesoureiro da APRSW
Lidiana: 2ª secretária da APRSW
Kauany: 1ª secretária da APRSW

Quando conhecemos o Enzo percebemos a grande semelhança com a Manu, não só facial, mas principalmente pelo carinho e amor que demonstram para as pessoas. Com sorriso largo e olhar angelical, cativa todos a sua volta. Enzo está sempre animado e com um bom humor de dar inveja. Sempre empolgado, contando alguma história, ou mostrando que conhece todos os sabores de torta que tem no restaurante X. Nas nossas reuniões da APRSW, quando realizadas em nossa casa, ele sempre vinha super empolgado para jogar videogame e passava um bom tempo batendo um super papo com o "tio Marcio". Precisando de uma motivação extra no seu dia? Ligue Enzo Mil! Enzo transmite tanta paz e tanta luz que é impossível ficar triste ou desanimado ao lado dele. Ahhh, aqueles olhos... Olhos que sorriem, olhos que amam, olhos que acolhem! O coração fica quentinho e cheio de amor. E acreditamos que esse amor que os Williams tanto expressam seja a receita para um mundo melhor! A conexão da nossa família com a família Mil foi instantânea! A simplicidade no falar e no agir, o amor nos gestos e palavras, a motivação pelo bem maior, a latente vontade de fazer a diferença na vida de outras pessoas nos uniram por um objetivo único e maior que todos nós, a APRSW. E que grande alegria termos tido a oportunidade de caminharmos juntos e poder conhecer melhor a Luh e o maravilhoso Enzo. Somos muito gratos por termos vocês em nossas vidas. Deus foi muito generoso ao unir nossos caminhos! Que Deus abençoe, cada dia mais, a vida e a caminhada de vocês! Amamos vocês!

Enzo por Fátima Poli
(empreendedora, confeiteira)

Enzo... Estar falando sobre o Enzo é como escutar sua voz sempre animada. E a notícia chegou: Luciana vai ter um bebê! E desde pequeno Enzo vai desenvolvendo sua missão de sorrir, sorrir muito para a vida com seu olhar sempre alegre. Lembrar do Enzo recém-nascido é falar também de uma mãe guerreira, enfrentando muitas adversidades e buscando sempre por respostas de "como ser uma mãe especial". As respostas nem sempre vieram nos momentos esperados, mas iam surgindo em cada dia: um eterno aprendizado de como ser uma mãe especial para um filho tão especial. Sendo arte educadora, confiou seus talentos no aprendizado do Enzo desde bem pequenino. Em Pontal, onde foi residir com seus pais, levava o Enzo na praia para separar conchinha por tons de cores e tamanhos e assim seguia ensinando ao Enzo cores, formas, texturas, cheiros, e essa criança foi crescendo sempre curiosa em querer conhecer o mudo a sua volta. Sempre que vinha aqui em casa, Luciana falava: "Enzo conta pra tia o que você viu e o que aprendeu", e Enzo, com aquele sorriso sempre cativante, ia descrevendo o que tinha feito, mas com um detalhe: sempre perguntando se já estava na hora de ir no Mc Donald's fazer um lanche. Sempre comunicativo, alegre e curioso. Enzo ama conhecer outras nações através dos livros e computador e se mostra cada vez mais interessado por idiomas, como o inglês e o mandarim. Sempre muito interessado em buscar conhecimentos tem um sonho: morar nos Estados Unidos! Não quer só conhecer, quer morar, quem sabe aprimorar seus conhecimentos com o idioma. Recursos, certamente, surgirão. Luciana aprendeu a cuidar de uma criança especial; agora vai atravessar com Enzo sua adolescência. O amanhã pertence ao Senhor Deus e, pela fé, muita dedicação e amor, sempre encontrará forças para seguir com Enzo a caminhada da vida em nome de Jesus, sempre serão vencedores, inspirando pessoas e contando suas histórias de superação e esperança.

Enzo por Irene Alves Weingartner
(mãe do Max/SW, vice-presidente da APRSW – Gestão 2018/2019)

Sou a Irene, mãe do Max Alexandre, 41 anos, que é amigo do Enzo, também com Síndrome de Williams (SW). Quando é anunciado que nosso filho é deficiente nos confrontamos com uma nova realidade, inesperada, um momento devastador. Esse turbilhão de sentimentos confusos, por vezes frustrantes e assustadores, levam-nos a fazer novos ajustes mentais, físicos, emocionais e espirituais. E isso tudo ao mesmo tempo. O olhar materno é divino! E o impulso biológico se sobrepõe a esse desafio. Ele não era como as outras crianças, mas ainda assim era uma criança. Filho. Temos uma longa caminhada a seguir, passos leves e tortuosos, e assim será. Naturalmente, vamos à procura de nossos pares e nessa trajetória encontramos o ENZO. E qual o significado desse nome? "Príncipe do Lar". Abre-se espaço para ele reinar, sob os olhares de uma mãe determinada, encorajada, incansável, uma mestra. E aí está o ENZO, com uma capacidade que se destaca dentro do quadro da síndrome. Fala outros idiomas, é inteligente, curioso, sensível e intuitivo. E como a maioria dos SWs, destaca algumas das melhores características do ser humano: a facilidade de amar as pessoas. Noto quando nos encontramos o quanto é aguçado o seu sentido do olfato, sempre curioso ao perfume que estou usando, e ainda dá sua opinião muito assertiva. Excelente capacidade! Vivenciei um momento muito especial: a exposição de fotos "Faces do Amor", organizada por minha filha Janaína, da qual o Enzo fez parte. Seus olhos brilharam. Menino de ouro que já caminha ao outro significado do seu nome: "Vencedor". ENZO, que bom ter conhecido você e agora já fazer parte de sua história. Somos da mesma família! A família SW.

Luciana Milcarek

Enzo por Joanna Marie Abel Diniz
(diretora da Lighthouse Ensino Bilíngue – Campo Largo, PR)

Sou fã do Enzo! Afirmo isso com muita alegria. Lembro-me bem da primeira vez que o conheci, em 2014. Ele veio conhecer a Lighthouse no meio do ano letivo e ao fazer o tour pela escola, eu mostrei a ele alguns painéis sobre países e fotos das nossas Festas da Nações, os seus olhos brilhavam! Ele perguntava sobre assuntos profundos e demonstrava um domínio e conhecimento sobre os países e suas capitais e línguas e vontade de aprender inglês muito além do que outros da sua idade! Apaixonei-me com o Enzo nesse primeiro encontro. Tínhamos tantas paixões em comum e eu sabia que ele era um aluno que agregaria muito à nossa escola e seria um grande amigo! A Lu e eu conversamos muito antes do início das aulas. Ela sempre foi uma mãe presente, consciente e parceira. Aprendi muito com ela, pois até então conhecia pouco sobre a Síndrome de Williams. Enquanto equipe, buscamos aprofundar o nosso aprendizado para que pudéssemos dar o maior suporte ao Enzo e poder observar e celebrar as suas conquistas acadêmicas e sociais. Era preciso contrariar o pensamento da época de que alunos de inclusão não deveriam ser expostos a uma segunda língua, o que pudemos desbancar ao ver o Enzo amando e desenvolvendo-se muito bem no inglês! Procuramos estratégias de sucesso para apoiá-lo específicas para cada disciplina e professores que trabalhavam com ele e obtivemos retorno! O Enzo nos surpreendeu todas as vezes! As áreas mais desafiadoras academicamente foram a matemática e a produção escrita. Sim, tivemos que adaptar, repensar e modificar atividades e processos ao longo dos anos, mas isso foi feito sempre buscando formas para desafiá-lo e, ao mesmo tempo, acalentá-lo para que ele obtivesse sucesso no cumprimento das metas. A inclusão, por muitas vezes, torna-se mais complexa no quesito afetivo-social, pois extrapola o conhecimento e preparo do professor ou equipe, envolve os demais alunos, a comunidade escolar e os preconceitos ou falta de informação e de amor ao próximo tão presente na nossa cultura atual. Ao receber o Enzo na Lighthouse, o meu coração sabia que aquele seria um lugar onde ele seria aceito, amado e moldado para enfrentar os gigantes que viriam ainda na sua vida. Também tínhamos o desejo de dar-lhe uma experiência escolar positiva e acolhedora. Pelo ambiente, equipe e comunidade escolar que temos na Lighthouse eu tinha certeza de que ele seria abençoado e amado, e que todos nós cresceríamos por meio do envolvimento com ele e a Lu. E assim se foram os anos na Lighthouse. Presenciamos e celebramos as conquistas de grandes avanços, o despertar de amizades sinceras, o acolhimento da sua turma e de toda a comunidade escolar. Víamos os seus olhos brilhar ao estudar, brincar e apresentar trabalhos e eventos escolares! Ao chegar ao final do 5º ano do ensino fundamental, em 2016, o Enzo estava conosco há dois anos e meio e foi difícil vê-lo partir para outra escola e ambiente acadêmico. Amamos muito o Enzo, a sua alegria e sorriso sincero faziam parte da nossa escola. Ele era (e continua sendo) amado por todos. Percebemos que o amor que ele tinha por países, curiosidades, línguas foi nutrida e ampliada, ele tornou-se melhor e mais confiante em todas as áreas acadêmicas e formou laços de amizade sinceras e duradouras. O Enzo foi um presente de Deus para a nossa escola, levando-nos a crescer profissionalmente, animando-nos em dias difíceis com o seu sorriso e entusiasmo e fazendo parte da nossa história. Sou fã do Enzo, da sua personalidade cativante, do seu sorriso sincero, suas conversas profundas, sua facilidade em compartilhar o seu conhecimento, o amor que ele demonstra por todos e a sua fé são marcas deixadas em meu coração por tê-lo conhecido.

Enzo por João Cláudio Madureira
(Diretor Geral do IFPR – Campus Campo Largo/PR)

Não recordo com precisão quando conheci pessoalmente o Enzo, mas já o conhecia um pouco por meio da Luciana; primeiro, quando tratamos sobre a transferência de Paranaguá para Campo Largo, sendo ele a principal justificativa para Luciana solicitar a remoção interna no IFPR; depois, por meio das histórias e relatos sobre aquele menino inteligente, questionador e, sobretudo, amoroso. E o Enzo volta e meia nos visitava (e visita) no campus e jamais vou esquecer a alegria e a forma carinhosa que sempre me tratou. Seu sorriso contagiante e seus abraços foram sempre marcantes. Nos anos de infância ainda, muito passeamos pelo campus, conversando, mostrando os lugares, respondendo sua infindável curiosidade, deliciando-me com sua inteligência e observação em tudo. Agora, na adolescência, não passeamos mais de mãos dadas pelo campus, é claro (seria um mico muito grande, né, Enzo?), mas o seu sorriso, sua inteligência e amorosidade continuam as mesmas. E nossos papos também acontecem. É sempre uma alegria revê-lo e poder ser testemunha da construção de um ser humano tão especial. Tenho muito orgulho de conhecê-lo e poder afirmar: sou fã do Enzo!!

Enzo por João Marcelo Azevedo Ferraz Rosa
("tio Carioca")

Meu querido Enzo! O que dizer dessa pessoinha fantástica que conheci aos quatro anos de idade e que também foi meu primeiro aluno interessado pela ciência geográfica. Menino falante, curioso, interessado e que a cada visita me chamava pra brincar! Foram tantas conversas, risadas e miniaulas de geografia e língua inglesa... Tantos assuntos que já conversamos que, ao final, eu aprendia cada vez mais! Sim, Enzo, você é um grande mestre! Foi um prazer receber o convite pra participar desse momento único em sua vida e de fazer parte da comunidade Sou Fã do Enzo, pois, de fato, eu sou! Agradeço a Deus por você existir em nossas vidas e tenha certeza de que estou aqui, na arquibancada da vida, torcendo por você!

Enzo por Julianne Neves
(pedagoga, ex-colega na SMED Pontal do Paraná/PR e no IFPR/ Campus Paranaguá, colega no IFPR/Campus Curitiba)

Quando conheci o Enzo foi amor à primeira vista! Ele era tão bebê e agora já é um adolescente bem grandão e cheio de ideias. Mas uma coisa nunca mudou: o seu sorriso, sua curiosidade, o seu carinho e o melhor abraço do mundo! Eu comecei a trabalhar com a Luciana em 2007, agora em cidades diferentes, mas a amizade vai ser para sempre! A Lu é uma mulher muito forte, batalhadora e cheia de fé! Também é uma artista incrível e é muito caprichosa em tudo que faz. Qualquer café da tarde é um acontecimento! Deus sabe das coisas! A mãe do Enzo só podia ser a Lu! Mas voltando ao Enzo, são tantos anos de convivência que temos fotos hilárias, sempre fazendo bagunça e mostrando a língua! Quando ele era bem pequeno e a Lu era minha chefe, às vezes ela tinha reunião até tarde. Então, a tia Ju é quem buscava o Enzo na creche! Oba! Antes eu passava no posto de gasolina e comprava todas as porcarias possíveis para comer (ele adora Coca-Cola e bolacha recheada). Que irresponsável! Mas era muito divertido! A gente brincava muito! Uma vez rodamos 300 km só para assistir uma corrida de carrinhos engraçados que o Enzo queria ver. Faria isso de novo mil vezes, mas dispensava a multa (rsrsrs). Claro que nem tudo são flores nessa história, mas por ter muito amor pelo Enzo passamos a enxergar as perspectivas de outra forma ao passo que vemos avanços e conquistas! E são tantas! Porque ele é muuuuito inteligente! Cada conquista na escola, cada habilidade aprendida... E como não querer esmagar essa pessoinha falando várias línguas! Ele dialoga em inglês facilmente e conhece várias palavras em outros idiomas, que ele aprende sozinho! Tia Ju morre de orgulho! E é tão simpático que puxa conversa com todo mundo! E fala, fala, fala... E quando me contou que virou Youtuber! Quase mordi! Coisa linda! Como foi legal ver a volta do acampamento da igreja! Como é bom encontrá-los num gorduroso fast-food, na casa deles, na praia... até com chuva! (rsrsrs). Enzo é tão, mas tão especial, que só tem gente do bem em volta! Mãe, avós, padrinhos, amigos! Te amo, Enzo!!!

Enzo por Márcia Cristiane Kusmann

(arte educadora, ex-colega no Colégio Bom Jesus, madrinha do Enzo)

Antes de o Enzo vir ao mundo conheci sua mãe, Luciana, na época da faculdade. Cursávamos o mesmo curso e acabamos ficando próximas, trabalhando na mesma escola. Logo tivemos uma sintonia e essa amizade foi muito além do profissional. Chegamos a morar juntas e conviver como irmãs, dia a dia, compartilhávamos sonhos e incertezas. Um dos maiores desejos da Lu era ser mãe e quando ficou grávida estampava no rosto uma felicidade radiante! Que alegria participar de tudo isso e ainda mais ter o privilégio de ser escolhida para ser a madrinha desse pequeno, tão amado. Lembro-me que a sua decoração de bebê era leãozinho. Quem diria, a mamãe Luciana estava intuindo que vinha uma ferinha por aí. Na realidade, duas, porque ela também se tornou uma leoa feroz, disposta a protegê-lo com todas as forças. Cercado de amor e carinho, Enzo foi crescendo, foram aparecendo fragilidades, aos poucos cada dificuldade era superada e a busca incansável para descobrir tudo sobre a síndrome rara em que Enzo fora diagnosticado. Desde cedo houve a estimulação e o entendimento do que era possível e melhor para o seu desenvolvimento. Posso dizer que foi sempre um garoto vitorioso, vencendo cada etapa com muito entusiasmo. Qual a melhor terapia do Enzo? Não há terapia melhor do que o amor! Enzo é um menino brilhante! Alegre, sociável, inteligente, amoroso e incrível! Adora colecionar livros interessantes e instrumentos musicais do mundo todo. E, por falar nisso, é expert em curiosidades sobre países e idiomas, seu grande sonho é viajar e descobrir novas culturas. Não perde uma oportunidade para dizer que ama você e que aquele dia, o momento presente, é o dia mais feliz da sua vida. Uma sábia lição, com espontaneidade abraça, faz sorrir e ensina que o segredo para ser feliz é abrir os olhos a todas essas coisas que acontecem em nosso presente, no "agora", e observar que todos os dias são únicos, novos e especiais. Gratidão à vida que nos uniu! Amo vocês e sou fã da Lu e do Enzo para sempre!

Enzo por Mariane Schaffer Dias
(docente, ex-vizinha em Pontal do PR, ex-colega IFPR – Campus Paranaguá)

Enzo, te conheci quando você tinha apenas seis meses de idade. Seus olhinhos já eram ávidos de vida, curiosos, uma curiosidade que faz parte de você até hoje. Não tem como escrever sobre você sem falar de sua mãe. Nessa época, eu e a Lu, sua pãe (pãe, sim, pois essa mulher sempre assumiu, com muito amor e dedicação os dois papéis), trabalhávamos juntas no Educa Pontal, uma instituição semelhante a uma ONG que oferecia cursos de inglês e informática e reforço

soufãdoENZO.com

escolar em Pontal do Sul. Imagina a sua mãe, com formação em Artes, dando aulas de informática! É, Lu, você não foge à luta, e foi assim que conquistou seu espaço como arte educadora no Instituto Federal do Paraná (IFPR). Alguns anos se passaram, percorremos caminhos diferentes e nos distanciamos um pouco. Veio então o concurso para docente do IFPR Campus Paranaguá e, quanta felicidade foi ser nomeada para assumir o cargo e, uma felicidade que só aumentou, pois, além da nomeação, fui morar pertinho de você, meu querido Enzo, e de sua mãe. Éramos vizinhos. Novamente, eu tinha o privilégio de poder conviver com vocês. Lembro-me de você como um garoto muito carinhoso e falante. Sempre questionando tudo o que não entendia ou sabia, mas que queria e precisava compreender a respeito do mundo. Foram quase três anos de uma convivência diária e de muita amizade e amor. Depois vieram mudanças (de casa, de cidade) em nossas vidas, mas sempre estivemos em contato. Viajamos juntos, encontramo-nos em alguns aniversários ou na casa de seus avós maternos. E quando você já era um pré-adolescente falávamos em inglês (Ah! Esqueci de contar que sou professora de inglês) e você me contava o que havia aprendido na escola. Os trabalhos, os projetos, as apresentações. Enzo, você é um presente da vida para todos que têm a oportunidade e a benção de poder conviver com você. A tia Mari te ama muito!!!

Marina Castagnara
(ex-colega no IFPR, atualmente na UFPR)

Era só mais um dia de trabalho quando, em uma conversa descontraída durante um café, ouço aquela frase: "Eu tenho um filho especial". Essa frase muda todo o olhar a partir daquele momento. Esse novo olhar ganha uma admiração da força que agora você entende de onde vem. Mas nem toda explicação seguida dessa frase conseguiria traduzir o que o primeiro, de muitos, encontro com o pequeno Enzo revelou. Desvestido de todas as dificuldades e limitações que sua síndrome genética impõe diariamente, o pequeno, e agora passados tantos anos, grande Enzo, nada mais era que uma criança alegre, muito curiosa, comunicativa e muito amorosa. Especial? Sim, e como. Mas não por causa de suas limitações. Especial por quem ele é e por despertar o melhor em todos que estão a sua volta. Com ele eu aprendi que somos nós que agigantamos as dificuldades, que guardamos os medos do amanhã, porque ele não demonstra nada disso. Ele quer arriscar, ele quer participar, ele tem consciência de que é diferente, mas isso só o torna mais especial. Ele vive o hoje e comemora todas as suas conquistas, as grandes e, mais ainda, as pequenas, as diárias. Cada conversa com o Enzo se torna uma pequena viagem, uma aventura, na qual, em palavras, ele descreve suas descobertas e te carrega para dentro do mundo dele, descrevendo em detalhes as viagens que fez e as que ainda vai fazer. E quem conhece o Enzo sabe que ele vai chegar onde sonha e que sua mãe estará lá com ele, juntos, nessa jornada. E se eu pudesse voltar no tempo, naquele café, eu diria: "Você, sim, é uma mãe especial".

Enzo por Marinês Marques
(professora do Enzo no CMEI, em Pontal do Paraná/PR)

Sinto-me honrada pelo convite feito pela Lu para escrever alguns fatos sobre o Enzo no período em que interagimos no espaço escolar. Pessoinha chamada por mim, carinhosamente, de Gatão, quando fui professora dele, na Educação Infantil, no CMEI, em Pontal do Paraná. Enzo era uma criança que apreciava conversar bastante com todos, comunicativo, carinhoso e simpático. Uma de suas características era a de ter aversão a sons altos e locais agitados. Gostava muito de ouvir e recontar histórias, cantar e participar das atividades propostas. Em certos momentos, eu percebia que precisava dar-lhe uma atenção diferenciada para a realização das tarefas. Ele entendia, persistente e decidido, finalizava-as com muito capricho e empenho. Sua alimentação era bem seleta, não aceitava comidas pastosas, como, por exemplo, a polenta. Na convivência com os amiguinhos da turma, na hora das refeições, ao observá-los, Enzo passou a experimentar outros alimentos e aceitá-los em seu cardápio, conforme a adesão de seu paladar. Nos relatos do "Gatão", além da soufādoENZO.com

mãe Lu, estavam sempre presentes os seus avós maternos: o vovô "Polaco" e a vovó Lidia. Diariamente, ele falava deles, embora eu não os visse pessoalmente, refletiam-se no neto a paciência, o carinho e o amor que um sentia pelo outro. Tendo eu a grata satisfação de conhecer a Lu, desde o início comecei a admirá-la como mulher/mãe pela sua dedicação, força e fé. Superava problemas, achava soluções e criava meios para fazer vir à tona um amor imenso e indefinível pelo Enzo. E por serem muitas as batalhas, quem diria que ela ia conseguir vencê-las e tornar-se, para todos nós que fazíamos parte do processo educativo, um exemplo de como se luta pela qualidade de vida, pelos direitos e pelo bem-estar de nossos filhos e alunos.

Enzo por Marli Cristina Pereira
(odontopediatra pacientes especiais e homeopata)

Sou dentista do Enzo há cinco anos. Ele já havia feito atendimento odontológico hospitalar, então meus primeiros atendimentos foram de condicionamento e logo nos tornamos amigos. Para seu lábio grande e hipotônico recomendei, primeiro, aparelho móvel do Sistema *Myobrace*, o *Lip's* e, depois, o *Over Braces*. Agora está com aparelho fixo ortodôntico e ainda um pouco do *Over Braces* (aparelho móvel que pode ser usado sobre os braquetes). Isso é importante para fortalecimento da musculatura, mudar respiração bucal para nasal, corrigir a oclusão e proteger os dentes, favorecendo o fechamento de espaços devido ao tamanho dos dentes serem menores. Apresenta todos os 32 dentes em formação. A esperteza, aprender por modelos e olhando se no espelho e falar inglês ajudou muito: *"Lips together, yes!"*. Nossa comunicação era intermediada pela mãe e agora está tão confiante e corajoso que entra sozinho na sala clínica. Só chamamos a mãe quando temos que expor o andamento do tratamento. Este relato como dentista tem o objetivo de apontar que é possível todo tratamento odontológico necessário com o apoio dos pais. Dizer, mostrar e fazer funcionam muito bem. A alta rotação de Odontopediatria com menos rotações por minuto é menos ruidosa. Como fã do Enzo quero dizer que aprendi muito com ele, sua alegria é contagiante, o amor é radiante. Sempre tem uma piadinha e deixa sua marca registrada quando passa: "Oi, eu sou o Enzo!". E na despedida: "Namastê!". Sou Fã do Sorriso do Enzo!

Enzo por Maurício Gonçalves
(discipulador, pastor na Igreja Batista Alameda)

Essa é minha visão de Luciana, uma mãe incansável em busca de superação diária, onde romper limites se tornou parte de sua vida, colocando sua fé e amor em Jesus Cristo, e em todo momento transferindo de forma incondicional ao coração do filho, Enzo. Creio que Jesus traduziria essa linda experiência entre mãe e filho assim: "Pessoas especiais não nascem prontas, elas são transformadas no decorrer de suas vidas". Maria, mãe de Jesus, era uma mulher tão simples e anônima da cidade da Galileia, será que ela um dia pensou que sua vida tomaria esse destino? Porém, de repente, o plano de Deus é revelado quando um anjo surgiu em sua vida dando-lhe uma mensagem assustadora, como também desafiadora. Perceba como ela se torna especial: "E dará à luz um filho e chamarás o seu nome JESUS; porque ele salvará o seu povo dos seus pecados. Tudo isto aconteceu para que se cumprisse o que foi dito da parte do Senhor, pelo profeta, que diz; Eis que a virgem conceberá, e dará à luz um filho, E chamá-lo-ão pelo nome de EMANUEL, Que traduzido é: Deus conosco" (Mateus 1:21-23). Este exemplo é claro o suficiente para demonstrar que pessoas especiais não nascem prontas. Primeiro ponto a ser visto é que Deus não vê como nós, "o Senhor **não vê** como **vê** o **homem**, pois o **homem** olha para o que está diante dos olhos, porém o Senhor olha para o coração". Mesmo que para nós a vida pareça estar dando errado, pois quase nada acontece como gostaríamos, então essa nossa forma de ver ou perceber pode nos conduzir à frustação, mas não vendo como Deus vê, isso também é maravilhoso, pois assim temos a oportunidade de depositar N'ele toda nossa fé. Foi assim que Deus enviou Luciana até a mim no ano de 2011, passando por uma fase de separação conjugal muito ferida, querendo desistir de tudo e de todos, nada lhe dava prazer. Mal sabia ela que Jesus já estava batendo na porta do seu coração e estava a um passo de uma revolução total, pois nada foge ao controle de Deus e nenhum de Seus planos podem ser impedidos Ele bem sabia tudo sobre ela, e ela bem pouco sobre Ele, no entanto, esse encontro pessoal de Luciana com o Senhor Jesus Cristo trouxe um novo sentido a sua batalha de vida. Ela estava aprendendo a vencer no poder da palavra de Deus e na oração. Cada vez mais firme em sua posição em Cristo, inclusive levando outras pessoas a conhecer a palavra de Deus. Quando levamos a sério nossa comunhão com o Espírito Santo, ele realiza tudo conforme sua palavra no tempo certo. Logo, Luciana começou a experimentar algumas bençãos de Deus, como, também, algumas conquistas, como a casa própria, reconhecimento profissional, porém, sua grande preocupação era o desenvolvimento do Enzo e essa busca por resultados nessa área levou Luciana a planejar seu projeto, que não só ajudaria o Enzo, mas outras crianças e famílias que passavam pelos mesmos desafios. Luciana e Enzo, no decorrer da caminhada, perceberam que não estavam sozinhos. Outras pessoas que saem do anonimato são aquelas que fogem, preferem ficar se lamentando ou culpando outras pessoas ou até mesmo Deus. O encontro de Luciana com Jesus Cristo a possibilitou entender sua missão não somente como mãe do Enzo, mas a visão da missão em pró do reino de Deus, movimentando pessoas, ONGs, lideranças municipais e estaduais, desafiando o tempo e seus próprios limites. Somente pessoas especiais alcançam forças e habilidades para tais resultados. Luciana não escolheu o Enzo, como também Enzo não escolheu Luciana, então, dessa forma, a glória que notamos na vida de ambos pertence a Deus, que uniu mãe e filho, para anunciar a outras famílias que há esperança quando saímos do anonimato e assumimos responsabilidades com o futuro que decidimos enfrentar de cabeça erguida. Ser mãe nunca será uma tarefa fácil, pois exige um profundo desejo de acertar, exige coragem para não desistir em meios às adversidades, exige amor de vencedora, pois ser mãe é ser alguém em que Deus possa confiar e contar. Por que Deus escolheu Maria? Ou por que Deus escolheu Luciana? Como Maria, o desejo de Luciana de agradar a Deus sempre ficou explícito em tudo que fazia pelo Enzo ou por outras crianças e famílias que surgiram em sua caminhada. Essa é marca de uma pessoa que realmente decidiu viver não mais para si mesma, mas por uma causa que já transformou a vida de muitas pessoas. Escolher agradar a si mesmo pode se tornar um sinal de fuga, porém, agradar a Deus muitas vezes direciona-nos para uma vida de sacrifícios, como a do próprio Jesus. Na caminhada de Luciana com Enzo entre um hospital e outro, entre um médico e outro, um exame e outro, entre cânticos e choro, sempre buscando fazer a escolha certa. Muitos que vivem situações parecidas se apequenam diante de desafios, outros se agigantam. Agora, se Luciana e Enzo são exemplos de superação para nós, assim como tantas pessoas ao nosso redor, acredito que cada um de nós pode olhar e agir de maneira reativa aos estímulos causados pela empatia ao modo de vidas especiais.

Enzo por Myrtes Yara Gomes Prokopovicz
(pedagoga, psicóloga, especialista em Educação Especial, assessora voluntária na APRSW na gestão 2018-2019)

Falar do Enzo é a tradução de vida, alegria e de resiliência. É um "menino" moço, encantador, que tive o prazer de conhecer por meio da Associação Paranaense da Síndrome de Williams (APRSW). A primeira vez que eu o vi foi em uma linda homenagem que a Associação me fez na Assembleia Legislativa do Paraná (Alep), através também de uma amiga em comum. Não tem como falar do Enzo sem falar da sua mãe guerreira, pois ele foi abençoado e privilegiado. A Luh, essa mulher leoa, que não mede esforço para exaltar o potencial desse menino moço. A luz que Enzo emite é única e nos motiva, contagia-nos e também, ensina-nos como a vida é bela. A maior riqueza da vida está no simples de fato de existir. Se alguém precisar de um amigo pode contar com o Enzo. E se você quer sorrir e inundar seu coração de alegria é só estar perto dele. Enzo, seu nome significa "senhor do lar", "príncipe do lar", "governante da casa", "gigante", "o que vence", "vencedor", ele é a forma consolidada do seu nome.

soufãdoENZO.com

Enzo por Mônica Simião
(pedagoga, colega no IFPR/Reitoria)

O que falar do Enzo? Parece até uma pergunta fácil. Bastaria apenas descrever como a pessoa é. Acontece que ele não é "uma pessoa", é um ser humano dotado de uma luz incrível. Conheci o Enzo em 2012, quando fui trabalhar com a Luciana, a Luh, mãe dele (valeria fazer uma biografia dela também, exemplo de mulher mais que maravilha, mas voltemos ao seu maior tesouro). A Luh, além de ser uma excelente profissional, passou a compartilhar um pouco o que ela vivia fora do local de trabalho. O Enzo entrou nas nossas vidas. Digo nossas porque em 2013 me tornei mãe e o Enzo passou a fazer parte da vida do meu filho também. Não teve como não se apaixonar pelo Enzo desde o início. Ele estava na fase de alfabetização da escola. Fora de todas as previsões e laudos, foi o primeiro a aprender a ler e escrever da turma. E diante da afirmação de que jamais conseguiria aprender Matemática, lá estava ele, fazendo mil e uma contas. Não demorou muito passou a participar conosco das saídas com os colegas, com aquele abraço forte e gostoso que só ele tem. Lá vinha ele com aquele sorrisão e com as perguntas investigativas e foco. Lembro-me de uma que era sobre a cultura japonesa e samurais. Fora tudo isso, quando meu filho nasceu, sempre teve todo o cuidado do mundo de levar em cada aniversário um presentinho especialmente pensado, que ele mesmo escolhia. No aniversário de 2 aninhos, por exemplo, foram livrinhos com histórias de monstrinhos, já que era o tema da festa. Ano após ano, os convidados passaram a perguntar dele: "O filho da tua amiga não vem?". Daqui a pouco chegava o Enzo. Pense o bom de papo que fez amizade com metade da família. Esse é o jeito de ser do Enzo. Ele é a razão da existência da Luh. Muito se deve a ela, que sempre deu o seu melhor como mãe e como ser humano. Ele aprendeu com a mãe o que significa a palavra e a ação amor. Sim, ação, porque amor é gesto, carinho, cumplicidade, confiança. Tudo isso o Enzo tem de sobra, que reflete na luz da sua presença. É difícil falar de alguém que é inspiração para você (no caso, família inspiração). Sou grata a Deus por encontrar pessoas tão maravilhosas no meu caminho, que mostram e demonstram que sim, vale a pena amar e ser amado!!

Enzo por Odiceles Cristina Antunes
(psicóloga atual – Campo Largo/PR)

Sou fã do Enzo! Conheci o Enzo no meu consultório e desde o primeiro dia formamos uma linda amizade. Dentre as muitas características maravilhosas que ele possui vou focar em uma, caso contrário, só aí já sairia outra edição do livro. Enzo é verdadeiro, em tudo que faz, em tudo que fala, vive com alegria (essa pode ser a Luh), mas agora descrevo o sentimento que ele tem de ser alegre. Enzo é contagiante com sua alegria, sua perspicácia. Ele consegue perdoar com muita facilidade e isso, com certeza, o faz um ser extraordinário. Possui inocência e amor verdadeiro em externalizar que "hoje é o dia mais feliz da minha vida!". Ouvir essa frase, muitas vezes, é somente para quem Deus permitiu receber o presente de conhecer e conviver com o Enzo e Luh Mil.

Enzo por Olga Maria Salomão
(primeira psicóloga – Paranaguá/PR)

Faço agora uma reflexão sobre a atitude de quem trabalha com crianças ou pessoas com algum grau de dificuldade ou mesmo deficiências. A gente fala tanto sobre autismo, T21, DI, e síndromes variadas. A gente lê centenas de artigos, participa de eventos, seminários... Aí, um dia, em meu consultório, conheço Enzo e Lu... Não falo de um menino com alguma deficiência, com seu jeito que, por uma ou outra razão, chamou a atenção primeiramente de sua mãe. Essa mãe que brigou com médicos, estudou, procurou especialistas atentando para mostrar algo que não se encaixava, mesmo quando eles nela não acreditavam, pensavam ser exagero... Olhos vibrantes e doces, que desde cedo já vislumbraram uma grande luta à frente. Uma mulher linda, culta, sábia, que se aliou ao seu filho para que, juntos,

soufãdoENZO.com

mostrassem ao mundo que eles eram encantadoramente especiais. Em minhas sessões com Enzo eu me emocionava com sua sensibilidade... Em minhas sessões com Lu, eu me encantava com seu amor, que por ela se manifestou em uma brava atitude de concentração de forças para mostrar os talentos de seu menino que, ao contrário do que pensam e estudam, tem muitos. Enzo é um garoto incrível, que se fez respeitar em suas interações sem paternalismos, sem superproteção. Sua mãe, sim, é especial... Viveu uma maternidade que ninguém quer ver ou viver e tem medo de falar sobre, e mostrou que o mundo não é feito de aldeias, mas de um grande espaço onde todos podem ser mais iguais. Essa mãe ensinou a todos, e a todos emocionou. Mostrou a todos que "nunca" é uma palavra que não existe, transformando as conquistas junto a Enzo em estado pleno de felicidade. Sinto-me feliz e honrada em fazer parte dessa história! Para Enzo e Lu, todo meu amor e respeito...

Enzo por Oengredi Mendes Maia

(assistente social, colega no IFPR/Campus Campo Largo)

Se eu fechar os olhos, a primeira imagem que vem à mente: braços abertos e sorriso vasto. Enzo é um universo inteiro dentro de si. Ele cultiva sonhos, nutre coragem para desbravar o mundo e ensina a todo o momento o que é ser presente, estar inteiro no agora, aproveitando ao máximo o hoje, fazendo de todo dia "o dia mais feliz". Enzo tem na sua essência a entrega, o cativar de maneira pura. Não há quem resista à conversa nada tímida que ele inicia, não há assunto que não desenrole. Não há como não se inundar da sua curiosidade e afeto. Enzo é, em si, uma forma de exemplificar o significado de empatia, estar aberto para sentir e experenciar o outro na sua totalidade. Por Enzo ser tanto, que é especial! Ah, a síndrome! Ela não define o Enzo, mas adiciona muitos desafios e aprendizados para ele e para nós. Acredito que as doenças invisíveis aos olhos, nos convocam a nos abrir para enxergar além e a sermos mais sensíveis. Exige ressignificar percepções tidas como simples no cotidiano, como volume, barulho, mobilidade, organização do tempo, bem como expõe a necessidade e a importância de aprofundar os sentidos de inclusão. E nesse caminhar de diversidades e adversidades, trilhar com o Enzo e a Luciana – a versão real de mulher-mãe heroína –, é um respiro profundo de inspiração e atenção ao que é vital. Gratidão!

Enzo por Patrícia Dias
(colega no IFPR/Reitoria)

Conheci a história do Enzo em 2012, quando sua super mãe se juntou à equipe que eu trabalhava. Foi um mundo de novos aprendizados, pois eu nem sabia da existência da Síndrome de Williams. Sinceramente, não lembro quando e como foi meu primeiro encontro com ele, mas uma coisa é impossível esquecer: a criança mais simpática que já conheci! Tá... Hoje ele já é um adolescente. Mas a essência permanece lá. Não tem como ficar triste perto do Enzo! Ele está sempre disposto a nos dar o sorriso mais gostoso e o abraço mais apertado! É incrível como gosta de aprender sobre outras culturas, idiomas e lugares. Na última visita a casa dele, fiz "uma longa viagem" enquanto ele mostrava as lembranças trazidas por seus amigos e me contava com os olhos brilhando sobre cada lugar que eles tinham visitado. É como se ele pessoalmente estivesse estado lá e pudesse retratar o que teria visto. De todas as características do Enzo, a que mais me marca é o quanto ele é amoroso com as pessoas. Algo que falta em muitos de nós. Lembro-me de um dia passar um bom tempo ouvindo-o falar sobre alguns livros e brinquedos do quarto dele, quando, de repente, ele pegou em minhas mãos e me pediu: você pode ficar um pouco mais aqui comigo? Desmontou-me na hora! Acho que ele deveria ser diagnosticado é com a Síndrome do Amor! Mesmo que não tão perto como gostaria, é lindo ver esse carinha voando tão alto! Ele vai atravessando as barreiras sem nem perceber que elas existiam e isso é muito motivador, pois inúmeras vezes deixamos de realizar e até mesmo de sonhar tantas coisas por medo das dificuldades. Enzo... Torço muito por ti e por sua linda e amada mãe! Minha oração por você é que continue crescendo em amor, estatura, conhecimento e, também, em graça diante de Deus. Com amor, Paty.

Enzo por Reinaldo Dearo
(*"tio Rey"*)

Enzo é especial, em todos os sentidos. É esperto e amável. Sempre nos surpreende com sua curiosidade e capacidade de superar os obstáculos. Estar ao seu lado é muito enriquecedor, pois aprendemos sempre com sua simplicidade de ver as coisas e sua força em enfrentar um mundo que ainda não está preparado para lidar com síndromes raras. Eu o admiro e o amo muito. Enzo e eu somos "super-mega-power-tops" amigos!

Enzo por Samanta Ramos
(*ex-colega no IFPR/Campus Campo Largo, atual colega no IFPR/Reitoria*)

Enzo: um ser humano repleto de simpatia, criatividade, inteligência e, principalmente, amor. Um ser humano extremamente carinhoso, capaz de fazer você refletir sobre os mais simples aspectos de vida tantas vezes esquecidos. O "sobrinho" querido, porque, sim, ele me chama carinhosamente de "tia Samanta". Trabalhei com a Luciana no período de 2012 a 2018 e foi nesse tempo que aprendi como é surpreendente conviver com o Enzo. Durante todos esses anos de trabalho, boa parte deles vividos lado a lado, eu e a Luciana compartilhamos aprendizados, angústias, reflexões, mas compartilhamos muito mais conquistas. Dentre os assuntos preferidos do Enzo, estão os países e as línguas estrangeiras. Apaixonado em aprender, descobrir detalhes de algum lugar do mundo o fascina e faz seus olhos brilharem. O que eu e o Enzo temos em comum? Juntos compartilhamos um sonho: conhecer o mundo. Um momento especial na vida desse menino querido, do qual tive a oportunidade de participar, foi o seu aniversário de 12 anos. Após meses sonhando e planejando a festa com a participação dos colegas de escola, esse dia tão esperado pelo Enzo chegou. E lá estava eu, junto a Luciana e a Dona Lidia, avó do Enzo. Quase enlouquecemos no meio de tantos pré-adolescentes, mas foi muito divertido e gratificante. Porém, dentre tantos momentos maravilhosos, não posso esquecer o dia do meu casamento. Entrando na igreja, no meio de tantos olhos fixos em mim, lá estava aquele par de olhos brilhantes e emocionados pelo casamento da "tia Samanta". E junto ao turbilhão de emoções veio um pedido mais que especial: Enzo queria dançar com a noiva. E assim foi. Tivemos o nosso momento e dançamos. Como foi gostoso sentir o amor e a admiração do Enzo num dia tão importante da minha vida. Momento este registrado em fotos e no coração.

Enzo por Sandra Mara Kachel Tetto
(vizinha na casa de praia de Pontal, "tia Sandra", mãe da Karine e da Flávia, vó da Ceci e Manu)

Conheci o Enzo no início de 2006. Era ainda um bebezinho com poucos meses de vida. Muito observador, acho que passou o primeiro ano de vida só assimilando informações. Demorou um pouco mais que as outras crianças pra engatinhar, andar e falar, mas quando começou não parou mais. Adorava bater altos papos e escutar música com o "tio Flávio" (*in memoriam*), que foi um grande amigo e o chamava carinhosamente de "Enzolino". Foi muito amado e curtido por nós como um neto. Enzo sempre foi e continua sendo a alegria de todas as nossas reuniões, aniversários e festas familiares. Lembro-me de uma festa de formatura de minha filha (Karine), ele devia ter uns três aninhos. Depois de conversar com todas as pessoas, lá estava ele, na mesa dos doces, pegando brigadeiros. Não passava vontade, desde pequeno já era independente e determinado. Foi uma criança muito alegre, extrovertida, conversadora e, hoje, é um adolescente inteligente, curioso, gosta muito de estudar e aprender sobre cultura, costumes, culinária e idiomas de outros países. Sabe conversar sobre qualquer assunto. Um jovem adorável, um pouco temperamental às vezes, mas como todo adolescente. Eu e toda a minha família amamos muito essa pessoinha muito especial, que faz parte de nossa história.

soufãdoENZO.com

O Enzo e sua mamãe Luciana são guerreiros, fortes e destemidos. Eu sou muito feliz de fazer parte de suas vidas, de ter participado do seu crescimento, acompanhado seu desenvolvimento, ver tão de perto aquele menino esperto e carinhoso se tornar esse rapaz amoroso e inteligente, que ama a vida e a família, que quer desbravar o mundo e está se preparando para isso. Sinto-me honrada em participar da sua trajetória e estarei sempre ao lado dessa família, compartilhando os sentimentos bons da vida.

Enzo por Silvia Bubniak
(*"tia Sil"*)

Não conhecia nada sobre a Síndrome de Williams, e ainda não conheço, mas conheço um menino chamado Enzo, que ama a vida e ama viver, mesmo quando os prognósticos foram desfavoráveis. Ele é a prova viva de que podemos crer que em Deus podemos vencer! Alegria, amor, sorriso... São as marcas desse menino que sempre diz a cada dia "Hoje é o dia mais feliz da minha vida". Agradeço a Deus por fazer parte de sua vida. Você é uma inspiração para todos nós e só posso dizer meu amigo menino: EU AMO VOCÊ.

Enzo por Suellen Paola Martins
(*ex-colega no IFPR/Campus Campo Largo e atual no IFPR/Campus Foz do Iguaçu, "tia Su"*)

Enzo foi um presente de luz em forma do mais puro sorriso que a vida me deu. O que dizer desse menino considerado raro simplesmente por compartilhar o mais sincero amor às pessoas que o rodeiam? Inteligente, curioso, gentil, amoroso, interessado, maduro nas conversas, especialmente, as que trazem os assuntos internacionais. Ai de mim, o dia em que por alguns segundos esqueci o país de origem das famosas matrioskas: "Russas, tia Su. São bonecas russas!". Intenso! Sua presença jamais será despercebida. O maior ensinamento que ele me concedeu foi o de valorizar as coisas mais simples, principalmente, as que vivemos com quem amamos, como um sorvete num fim de tarde... "Hoje é o melhor dia da minha vida!". Meu coração se enche de gratidão em poder vivenciar boa parte da trajetória do Enzo e da mamãe Luciana, poder acompanhar suas conquistas e admirar as suas lutas. A vida, muitas vezes, mostrou-se difícil para eles... Além de todas as dificuldades enfrentadas por uma mãe solo, enfrentaram preconceito, a distância da família... Conciliar o horário de trabalho da Luciana com a rotina agitada entre a escola e os tratamentos do Enzo também não foi fácil. Luciana nunca desistiu, foi guerreira, abdicou de muitas vontades para ver o Enzo bem! Que mãe inspiradora! Eu, Elisa e agora também o tio Flávio, temos muita gratidão em poder compartilhar a vida com essa família encantadora. Obrigada Enzo, por nos deixar te amar e por nos entregar seu amor! Sabemos que nos ama, pois seus olhos não escondem isso. Sua vida será muito abençoada, ainda realizará muitos sonhos, aprenderá muitas coisas, conhecerá muitas pessoas e muitos lugares! E, claro, estaremos na torcida aplaudindo... sempre! Que muitas pessoas possam ser tocadas pela história do Enzo, pela história da mamãe Luciana, pela história dessa família, símbolo de muita força e muito amor! Com o coração quentinho de amor e gratidão, "tia Su".

Enzo por Valdemira Bojarski
(ex-funcionária no Empório)

O que dizer sobre o nascimento do Enzo... Bem, conheci seus pais muito antes de saber que viria ao mundo. Eu e Luciana éramos amigas e há muito tempo eu já sabia que o Enzo sempre foi muito esperado. A Lu tinha um sonho enorme de ser mãe e seu menino seria muito bem-vindo. Eu fui privilegiada de ser a primeira pessoa a saber que o Enzo estava a caminho, depois da mamãe, é claro, e no dia em que pegou o exame me lembro de ser só felicidades. Quando Enzo nasceu, infelizmente, papai e mamãe já tinham problemas no casamento e logo decidiram que seguiriam separados, mas a Lu abraçou essa maternidade com muito amor, tornando-se pai e mãe, o que chamamos de "pãe". Sempre lutando pelo pequeno, com os cuidados necessários que ele pedia, ela já não estava mais sozinha,

soufãdoENZO.com

pois sempre terá seu menino, adolescente, ou já um homem, ao seu lado, sendo duas almas em uma, dois fortes e verdadeiros heróis. Hoje, Enzo é esse menino amável e querido por todos que passam em sua vida e eu sou muito feliz por ver e viver um pouco dessa história, pois, para mim, Lu e Enzo são exemplos de vida.

Enzo por Valmir Silva Souza
("tio")

Uma das coisas que me vem à mente sobre o Enzo, além de ser um queridão, é que em várias das vezes em que estivemos em sua casa para cafés, aniversários ou uma simples visita, ele diz: "Hoje é o dia mais feliz da minha vida" ou "Este é o aniversário mais feliz que eu já tive". Ouvindo isso, às vezes me perguntava o porquê. Pode parecer algo comum ou mesmo banal, mas com o tempo passei a entender como um misto de felicidade e gratidão. Mostrando que em tudo podemos agradecer, demonstrando a nossa alegria e felicidade pela vida e por termos amigos.

Enzo por vovô Henryk e vovó Lidia Milcarek
(avós maternos)

Enzo é tudo para nós (vó Lidia enche os olhos de lágrimas). Desde pequeno, ajudamos em tudo que pudemos, especialmente, cuidando dele para que a mãe pudesse trabalhar. Houve um período em que eu, a vó, viajava para cuidar dele durante a semana, pois a mãe trabalhava em outra cidade, e aos finais de semana eu voltava para casa para cuidar do avô. Temos muitas lembranças, não sabemos nem o que registrar... Ele é muito amor, muito abraço... Quando eles se mudaram, a Musa ficou conosco, faz-nos companhia (Musa é o nome que Enzo deu para cachorra, primeiro animal de estimação dele). Lembramos dele pequeno, brincando com seu filhotinho, dormindo ao lado dele. Quando vem ficar conosco a casa é uma alegria só. Ele adora ficar na piscina. Chega sempre cheio de novidades e muitos assuntos para conversar. Eu, como avó, faço as comidinhas que ele gosta, como bolinho de arroz e nhoque, e o vô faz o churrasco especialmente para ele. É parceiro do vô em comer doces, bolachas e guloseimas. Nós o amamos demais!

CONSIDERAÇÕES FINAIS

Um ponto final pode terminar um livro, mas não uma história.

(Gabriel Colpi)

Assim como quando recebi a notícia da minha gravidez, também foi com surpresa e muita alegria que recebi a notícia de que iria "gerar" este livro. Passada a euforia, começaram a surgir os pensamentos: será que vou conseguir? Será que vou dar conta? Então, eu tive que tomar decisões importantes, como escolher o nome, por exemplo.

Em seguida começaram os desconfortos, afinal, era o resgate de uma década de vida. Ao resgatar, nas caixas, os laudos e as avaliações para conferir as informações e as datas, eu também tinha que ir à memória e relembrar quantas vezes mudei de casa, de cidade, de trabalho, e Enzo de escola, como tive que abrir mão de compromissos sociais e de assumir funções no trabalho, entre tantas outras coisas. Isso significava abrir as portas para sentimentos que, talvez, eu preferisse esquecer, mas eu tive que ficar ali, frente a frente com as minhas cicatrizes, e tive que me certificar se elas eram isso mesmo ou se ainda eram feridas abertas.

O tempo de gestação é, geralmente, contado em semanas, mas o da editora é em dias, então eu também tive que me planejar e estar sempre atenta. Percebi o quanto aprendi que não temos o controle de tudo e isso foi muito útil também quando veio a notícia da pandemia e suas consequências mais imediatas. Sim, até concluir foi um parto!

E eis que, mesmo me preparando durante nove meses, descobri que não tinha noção nenhuma das emoções que a chegada de um filho proporciona; e ao concluir o livro, descobri o quanto escrever também é se doar. Eu estava fazendo um relato não de um personagem, mas de alguém com quem tenho laços afetivos, que eu tanto amo, e buscando mostrar cada passo do seu desenvolvimento e dos seus potenciais intelectuais, emocionais, sociais, físicos, artísticos, criativos e espirituais, sem deixar de fora nenhum elemento importante.

Enfatizo muito o autoconhecimento, pois tive que aprender a estabelecer metas realistas e alcançáveis, honrando as experiências de vida, tanto as conquistas quanto os fracassos, com foco tanto no que deu certo como no que não correu como planejado. Era a história dele, e a minha também.

Então em nove meses eu gerei uma vida e, agora, um livro, ambos formados por interrogações, exclamações e reticências. Um ponto final para a primeira infância e adentramos a adolescência. Uau! Tudo novo, de novo! E já com a missão de futuras edições firmadas com a editora, relatando essa nova etapa e, posteriormente, a vida adulta, em que Enzo é, e sempre será, o coautor, o tempo todo, das minhas melhores histórias!

ANEXO

Fundada em 13 de fevereiro de 2018

Como é composta a APRSW?

Trata-se de uma associação civil de caráter humanitário, de natureza civil de direito privado, sem fins lucrativos, fundada em fevereiro de 2018, com foro jurídico na cidade de Curitiba, com abrangência em todo o estado do Paraná e que tem por finalidade atender as pessoas com Síndrome de Williams, seus familiares, profissionais das áreas afins e outros interessados.

Qual é o objetivo da APRSW?

Seu objetivo principal é melhorar a qualidade de vida da pessoa com Síndrome de Williams, oferecendo apoio psicossocial às pessoas e a seus familiares. Busca condições para ampliar conhecimentos sobre a síndrome e divulga informações quanto ao diagnóstico e tratamento, acolhendo novos casos, estabelecendo parcerias com outras organizações, estimulando pesquisas e lutando por uma sociedade de fato inclusiva.

Qual é a estrutura da APRSW?

A Associação ainda não possui uma sede física e os encontros, reuniões e eventos são realizados em locais diversos, conforme disponibilidade de agendamento. Buscam-se parcerias para a concretização dessa importante conquista. A APRSW possui a Diretoria Administrativa, o Conselho Fiscal e Assessorias, compostos por familiares e voluntários.

Atividades desenvolvidas pela APRSW

- Grupo de pais para troca de experiências.

- Esclarecimentos sobre a síndrome por meio do site, blog, redes sociais e e-mails, para familiares, profissionais e demais pessoas interessadas.

- Participação em congressos, seminários e encontros.

- Calendário anual de eventos, com organização de encontros com os pais, com profissionais, eventos, almoços, passeios etc.

Como posso ser colaborador da APRSW?

- Doando roupas e utensílios para realização de bazar e outros itens nas nossas campanhas de arrecadação para realização de eventos.

- Participando como voluntário na sua área de especificidade, ministrando palestra e oficinas.

- Participando como voluntário na recreação e atividades para as crianças durante os encontros.

- Com contribuição mensal/anual como associado ou contribuição esporádica através de depósito em nossa conta bancária:

Banco CAIXA ECONÔMICA FEDERAL
Agência 0374 - Operação 13 Conta 94760-8
Associação Paranaense da Síndrome de Williams (APRSW)
CNPJ N.º 31.133.969/0001-64

Contatos

E-mail: aprsw.contato@gmail.com
Blog: https://aprsw.blogspot.com
Instagram: @aprsw.br
Facebook: @aprsw.br

Parte da renda obtida com a venda no lançamento deste livro será doada para a APRSW.

REFERÊNCIAS

ALMEIDA, F. N. *Síndrome de Williams:* o oposto do autismo? Laboratório de Neuropsicologia do Desenvolvimento (LND). 31 de maio de 2014. Disponível em: https://lndufmg.wordpress.com/2014/05/31/865. Acesso em: 15 ago. 2020.

APA. AMERICAN PSYCHOLOGICAL ASSOCIATION. *Manual Diagnóstico e Estatístico de Transtornos Mentais.* 5. ed. Porto Alegre: Artmed, 2013.

ASSOCIAÇÃO BRASILEIRA DA SÍNDROME DE WILLIAMS. *Síndrome de Williams.* São Paulo. Disponível em: swbrasil.org.br. Acesso em: 20 mar. 2020.

BRASIL. Ministério da Educação. *Lei n.º 9.394, de 20 de dezembro de 1996.* Diretrizes e Bases da Educação Nacional. Diário Oficial da União, Brasília, 1996. Disponível em: http://www.planalto.gov.br/ccivil_03/leis/l9394.htm. Acesso em: 12 mai. 2020.

BRASIL. Secretaria da Educação Especial. *Política Nacional de Educação Especial na Perspectiva da Educação Inclusiva.* Brasília, 2008. Disponível em: http://portal.mec.gov.br/arquivos/pdf/politicaeducespecial.pdf. Acesso em: 10 mai. 2020.

BRASIL. *Lei n.º 12.764, de 27 de dezembro de 2012.* Política Nacional de Proteção dos Direitos da Pessoa com Transtorno do Espectro Autista. Diário Oficial da União, Brasília, 2012. Disponível em: http://www.planalto.gov.br/ccivil_03/_ato2011-2014/2012/lei/l12764.htm. Acesso em: 13 mai. 2020.

BRASIL. *Lei n.º 13.146, de 6 de julho de 2015.* Lei Brasileira de Inclusão da Pessoa com Deficiência (Estatuto da Pessoa com Deficiência). Diário Oficial da União, Brasília, 2015. Disponível em: http://www.planalto.gov.br/ccivil_03/_ato2015-2018/2015/lei/l13146.htm. Acesso em: 10 mai. 2020.

BRITES, C. INSTITUTO NEUROSABER. *O que é a Síndrome de Williams?* Londrina, 14 de junho de 2017. Disponível em: https://institutoneurosaber. com.br/o-que-e-sindrome-de-williams. Acesso em: 12 abr. 2020.

DICAS PARA PAIS. *In:* ASSOCIAÇÃO BRASILEIRA DO DÉFICIT DE ATENÇÃO (ABDA). 09 de fev. de 2017. Disponível em: https://tdah.org. br/dicas-para-pais. Acesso em: 11 ago. 2020.

ENCONTRO NACIONAL DE PRÁTICA DE ENSINO, ENDIPE. 17, 2014, Fortaleza. A inclusão de crianças deficientes na escola regular: o olhar dos professores. Fortaleza: Universidade Estadual do Ceará, Uece, 2014. Disponível em: http://www.uece.br/endipe2014/ebooks/livro3/ 58%20a%20inclus%c3%83o%20de%20crian%c3%87as%20deficientes%20 na%20escola%20regular%20o%20olhar%20dos%20professores.pdf. Acesso em: 6 jul. 2020.

ESCALA DE APGAR. *In:* WIKIPÉDIA, a enciclopédia livre. Flórida: Wikimedia Foundation, 2020. Disponível em: https://pt.wikipedia.org/w/index. php?title=Escala_de_Apgar&oldid= 57877443. Acesso em: 24 mar. 2020.

FIGUEIRA, E. *O que é educação inclusiva?* São Paulo: Brasiliense, 2011. (Coleção Primeiros Passos).

GUISSO, S. M. A inclusão de crianças deficientes na escola regular: o olhar dos professores. *In:* ENCONTRO NACIONAL DE PRÁTICA DE ENSINO (ENDIPE) 17, 2014, Fortaleza. *Anais* [...] Fortaleza: Universidade Estadual do Ceará, UECE, 2014.

HAYASHIUCHI, A. Y.; SEGIN, M.; SCHWARTZMAN, J. S.; CARREIRO, L. R. R.; TEIXEIRA, M. C. T. V. Competências escolares e sociais em crianças e adolescentes com Síndrome de Williams. *Revista Brasileira de Educação Especial*, Marília, v. 18, n. 3, p. 375-390, set. 2012. Disponível em: https://www. scielo.br/scielo.php?script=sci_arttext&pid=S1413-65382012000300003. Acesso em: 7 jul. 2020.

JONES, W. *et al.* II. Hipersociabilidade na Síndrome de Williams. *J Cogn Neurosci.* 2000, 12 Suppl 1, p. 30-46. Disponível em: https://pubmed.ncbi. nlm.nih.gov/10953232. Acesso em: 07 jul. 2020.

LIMA JR, I. *Produção e avaliação de vídeo documental como recurso de orientação para pais e cuidadores de crianças e adolescentes com Síndrome de Williams- -Beuren.* 2015. 68f. Tese. (Doutorado em Distúrbios do desenvolvimento) – Universidade Presbiteriana Mackenzie, São Paulo, 2015.

LIMA, S. F. B. *Desenvolvimento e aplicação de programa de orientações para manejo comportamental de crianças e adolescentes com síndrome de Williams em sala de aula.* 2011. 117f. (Dissertação de Mestrado) – Programa de Pós-Graduação em Distúrbios do Desenvolvimento, Universidade Presbiteriana Mackenzie, São Paulo, 2011.

LOPES, V. L. G. S. *A Síndrome de Williams e seus cuidados.* São Paulo, 11 de jun. de 2010. Disponível em: http://swbrasil.org.br/artigos/a-sindrome-de-williams-beuren-e-seus-cuidados. Acesso em: 24 mar. 2020.

MAINARDI, D. 06 de dezembro de 2003. *Deficientes discriminados.* Disponível em: http://arquivoetc.blogspot.com/2003/12/diogo-mainardi-deficientes.html?m=1. Acesso em 13 jul. 2020.

ORGANIZAÇÃO PAN-AMERICANA DA SAÚDE (Opas). Folha informativa COVID-19 - Escritório da OPAS e da OMS no Brasil. Atualizada em 20 de agosto de 2020. Disponível em: https: // www.paho.org/ bra/ index. php? option=com_content&view= article&id =6101:covid19&Itemid= 875. Acesso em: 29 ago. 2020.

PASCUAL-CASTROVIEJO, I.; PASCUAL-PASCUAL, S. I.; MORENO GRANADO, F.; GARCIA-GUERETA, L.; GRACIA-BOUTHELIER, R.; NAVARRO TORRES. M. Williams-Beuren syndrome: presentation of 82 cases. *Anales de Pediatría*, Espanha, v. 60, n. 6, p. 530-36, 2004. Disponível em: https://www.analesdepediatria.org/es-sindrome-williams-beuren--presentacion-82-casos-articulo-resumen-S1695403304783228. Acesso em: 15 ago. 2020.

PIO, R. M. *A minha, a sua, a nossa inclusão*: orientando e produzindo saberes. 1. ed. Curitiba: Appris, 2020.

REILY, L. *Escola inclusiva*: linguagem e mediação. 2. ed. Campinas: Papirus, 2004. (Série Educação Especial).

ROMANZOTI, N. 17 de julho de 2017. *Esta rara síndrome faz você amar todo mundo*. Disponível em: https://hypescience.com/esta-rara-sindrome-faz-voce-amar-todo-mundo-e-isso-e-um-problema. Acesso em: 15 ago. 2020.

SANTOS, V. S. Diferença entre doenças, síndromes e transtornos. *Brasil Escola*. Disponível em: https://brasilescola.uol.com.br/doencas/diferenca-entre-doencas-sindromes-transtornos.htm. Acesso em: 8 ago. 2020.

SERVIÇO DE GENÉTICA MÉDICA/HUPES UFBA. 24 de junho de 2012. Disponível em: https://genetica.hupes.ufba.br/node/156. Acesso em: 12 abr. 2020.

SILVA, I. Síndrome de Williams. 2007. Disponível em: http:// www.fiocruz.br/ biosseguranca/ Bis/ infantil/ sindrome-willians.htm. Acesso em: 12 abr. 2020.

SÍNDROME DO OVÁRIO POLICÍSTICO (SOPC). *In:* MANUAL MSD: versão para profissionais de saúde. Setembro de 2017. Kenilworth, NJ: Merck and Co., Inc. Disponível em: https://www.msdmanuals.com/pt-pt/profissional/ginecologia-e-obstetr%C3%ADcia/anormalidades-menstruais/s%C3%ADndrome-do-ov%C3%A1rio-polic%C3%ADstico-sopc. Acesso em: 12 abr. 2020.

TODOS PELA EDUCAÇÃO. 4 de março de 2020. *Educação inclusiva:* conheça o histórico da legislação sobre inclusão. Disponível em: https://www.todospelaeducacao.org.br/conteudo/conheca-o-historico-da-legislacao-sobre-inclusao. Acesso em: 08 ago. 2020.

TORDJMAN S. *et al.* [2012]. Autistic disorder in patients with Williams--Beuren Syndrome: a reconsideration of the Williams-Beuren Syndrome Phenotype. *Plos One*, v.7, n.3, e30778. Disponível em: https://journals.plos.org/plosone/article?id=10.1371/journal.pone.0030778. Acesso em: 8 ago. 2020.